Gerhard Mahler

DIE MILLIARDEN-ZOCKER

Gerhard Mahler

DIE MILLIARDEN-ZOCKER

Nick Leeson und die „Golden Boys" -

Wie sie gewinnen, wie sie verlieren

Derivate, Dollar, Banken

Die Deutsche Bibliothek - Cip-Einheitsaufnahme

Mahler, Gerhard:
Die Milliardenzocker : Nick Leeson und die "Golden Boys" ; wie sie gewinnen, wie sie verlieren ; Derivate, Dollar, Banken / Gerhard Mahler. - München ; Landsberg am Lech : mvg-verl., 1995
ISBN 3-478-71540-7

Das Papier dieses Buches wird möglichst umweltschonend hergestellt und ist chlorfrei gebleicht.

Umschlaggestaltung: Gruber & König, Augsburg
Satz: mvg, Susanne Guidera
Druck- und Bindearbeiten: Ebner Ulm
Printed in Germany 071 540/595402
ISBN 3-478-71540-7

Inhalt

Ein Deal zuviel: Der Absturz des Nick Leeson

Nick Leeson ruiniert die Barings-Bank

Die Aktienmärkte in Fernost krachten Ende Februar 1995 wie seit dem Golf-Krieg nicht mehr. Das internationale Kapital floh aus dem britischen Pfund in die sichere DM. Die britische Währung fiel auf ein historisches Tief, und der Dollar erlitt einen neuen Schwächeanfall. Was war passiert? Ein junger und ehrgeiziger Börsenhändler hatte sich grandios verspielt. Wegen Nick Leesons riskanten Spekulationen mit dem japanischen Nikkei-Aktienindex in Singapur ging die älteste englische Handelsbank Barings in Konkurs.

Am heiligen Sonntag noch versammelte der Chef der Bank von England, Eddy George, sämtliche Bankenbosse des Königreichs, um ein Rettungspaket zu schnüren. Aber sehr schnell waren sich die Bankiers darin einig, daß dieser Fall ihren Horizont überschritt. Möglicherweise wäre es notwendig gewesen, einen astronomischen Blankoscheck zu unterzeichnen, denn die Verluste bei Barings waren nicht genau zu beziffern. Das liegt an dem eigentümlichen Charakter der Derivat-Geschäfte, mit denen sich Leeson um Kopf und Kragen spekulierte.

Mitunter war sogar von einem Verlust von bis zu 4 Milliarden Pfund die Rede. Da die Forderungen beliebig hätten ansteigen können, wollte niemand in

Vorlage treten. Ein Sitzungsteilnehmer resümierte in der Financial Times: "Der Geist war willig, aber die Kapazität, die möglichen Verluste zu übernehmen, war einfach nicht da." Im schwarzen Loch "potentiell unbegrenzter Geschäftseinbußen" sei Barings letztendlich verschwunden, beschrieb die Zeitung das Ende der Bank. Der Verlust überstieg ihr Eigenkapital.

Auf der politischen Bühne des Königreichs setzte sich das Beben des finanziellen Fundaments fort. Im Unterhaus gerieten Regierung und Opposition aneinander. Der britische Finanzminister Kenneth Clark erklärte den Zusammenbruch mit der "schurkischen Tätigkeit" eines Börsenhändlers.

Alle beschäftigte die Frage, wer, was, worüber und wieviel hätte wissen müssen und welchen Grad an Aufsicht und Kontrolle Großbritanniens Bankenwesen bräuchte. Die konservativen Politiker teilten die Ansicht, daß trotz des Schocks der Markt seine Freiheiten des kalkulierten Risikos, dieses Gütesiegels der goldenen Quadratmeile der Londoner City, behalten müsse. Die Labour-Opposition kritisierte jedoch, wenn es einem einzigen Bankangestellten gelinge, Britanniens Finanzsystem in den Grundfesten zu erschüttern, dann sei es vielleicht an der Zeit, den Mächtigen des Geldes etwas mehr auf die Finger zu schauen.

Ungute Erinnerungen wurden in der Presse und unter Fachleuten wach. Dreieinhalb Jahre nach dem Zusammenbruch der Skandalbank BCCI, elf Jahre nach dem Kollaps von Johnson Matthey Bankers JMB und 21 Jahre nach der Rettungsaktion für britische Sekundärbanken sah sich die Notenbank wieder einmal mit einer schweren Krise am Londoner Bankenplatz konfrontiert.

Der Kollaps von Barings warf Schatten auf die gesamte Finanzwelt. Der Chairman der First Chicago Corporation, Richard L. Thurnes, sagte: "Es ist erstaunlich, daß eine 233 Jahre alte Bank praktisch über Nacht auf diese Art und Weise in die Knie gezwungen werden kann." Und der New Yorker Ökonom Henry Kaufmann entrüstete sich: "Ob es die Mexikokrise oder das Barings-Debakel ist, diese Probleme reflektieren unangemessene Beobachtungen und Überwachungen."

Der gute Ruf der Londoner City als internationaler Handelsplatz stand auf dem Spiel. Die Reputation der anderen britischen Banken war bedroht. Einen Schock erhielten die Anleger der Barings Asset-Management MAN. Die Einlagen von 2,5 Milliarden Pfund wurden unmittelbar nach der Bankrotterklärung am 27. Februar eingeforen.

Das Ausmaß der Krise war zunächst schlecht abzuschätzen. Leeson hatte in einer Art gigantischem Börsenglücksspiel enorme Summen auf den Anstieg des fernöstlichen Nikkei-Aktienindex gesetzt. Aber die Kurse fielen. Die Aktion erwies sich als monströse Fehlspekulation. Die Konsequenz war unausweichlich, der Dealer hatte die Bank verspielt.

Niemand in dem soliden und konservativen Prinzipien verpflichteten Unternehmen hatte eine derartige Spekulationskatastrophe für möglich gehalten. "Was für eine schreckliche Schande", grämte sich ein Mitglied des Baring-Clans, Louise Baring. "Wie kann das sein, daß ein einziges Geschäft im Fernen Osten eine ganze Bank zugrunde richtet", fragte sie.

Immerhin war die Barings-Bank nicht nur ein Pfeiler des englischen Establishments, sie war auch eines der traditionsreichen Geldinstitute der Insel: Die Königin selbst vertraute Barings Investmentgeschäfte an. Nach Berichten der Londoner Zeitung Guardian verloren Königin Elizabeth II. und Prinz Charles mit Barings vermutlich 1 Million Pfund - etwa 2,3 Millionen DM. Schätzungsweise 500000 Pfund gingen dem Prince Trust, einer vom Thronfolger geleiteten Wohltätigkeitsorganisation flöten.

Noch 1994 hatte Barings in den Zeitungen mit der Schlagzeile "Erfolg vorsichtiger und risikoscheuer Geschäftspolitik" das gute Image betont. Und auf die Geschäftsmethoden war man stolz gewesen. "Da wir nicht börsennotiert sind, müssen wir nicht jeder Mode nachrennen, die von den Aktienmärkten gerade belohnt wird", meinte der letzte und inzwischen zurückgetretene Geschäftsführer Andrew M. L. Tockey. Die Eigenkapitalrendite von 7,5 Prozent von 1993 zeigt, daß Barings mit dieser Strategie gut leben konnte.

Das Haus Barings sah sich seit zwölf Generationen konservativen Geschäftsprinzipien verpflichtet. Im Gegensatz zur größten britischen Investmentbank S. G. Warburg Securities verzichtete Barings auch darauf, in alle Bereiche global zu expandieren. Die Maxime lautete: Konzentration auf Geschäfte, die wenig Kapital brauchen. Barings wollte nicht unbedingt überall den amerikanischen Investmentbanken Konkurrenz machen. Tockey: "Wir bleiben eine Merchantbank, die ihren Kunden bei der Kapitalaufnahme und bei Unternehmensübernahmen, Umstruktierungen - dem Corporate Finance - berät, bauen unsere Vermögensverwaltung für institutionelle Kunden - das Asset-Management - aus, und wir werden in den Geschäftsfeldern wachsen, wo wir schon erfolgreich sind."

Barings war mit 40 Prozent an der amerikanischen Investmentbank Dillon Read beteiligt. Durch die Zusammenarbeit rückte Barings im internationalen Mergers- und Akquisitions-Geschäft auf einen der vordersten Plätze. Seit 1985 gehörte die Bank mit 4000 Mitarbeitern im wesentlichen einer gemeinnützigen Stiftung und dem Management, sie wurde von einem Familienmitglied, dem Präsidenten Peter Baring, geführt.

In den Räumen der ältesten Merchantbank Londons zeigten Ölgemälde die zwölf Generationen der Bremer Familie Baring, die die Bank nach umfangreichen Handelsgeschäften 1762 in London gegründet hatte.

Die Bank wurde in relativ kurzer Zeit eine der wichtigsten Institutionen für nationale und internationale Anleihen, und lange Zeit wurde sie als Zahlmeister des Empire gepriesen. Geldgeber und Finanzmakler der Könige Europas, des napoleonischen Regimes in Frankreich, der jungen Vereinigten Staaten von Amerika und sogar des zaristischen Rußlands antechambrierten in London.

Das Geschäft war für die Barings so profitabel, und ihre Bank wurde so einflußreich, daß Anfang des 19. Jahrhunderts Kardinal Richelieu einmal bemerkte: "Es gibt sechs Großmächte in Europa - England, Frankreich, Preußen, Österreich, Rußland und die Gebrüder Baring."

Sie finanzierten Projekte von der Londoner U-Bahn bis zum Telegraphenbau in den USA. Wer in

London einen großen Kredit brauchte, meldete 1903 ein deutscher Diplomat nach Hause, muß sich an die Barings wenden. Nur 1890 geriet Barings mit geplatzten argentinischen Anleihen in Schwierigkeiten. Damals griff aber die Bank von England den Barings unter die Arme und festigte somit den Ruf der führenden soliden Handelsbank des Königreichs.

Zunächst war Barings das Geschäft mit derivativen Produkten zu risikoreich. Der Geschäftsführer, Christopher Heath, verließ 1993 die Bank, weil die Hinwendung zu den von ihm propagierten Risikoinvestments zunächst abgelehnt wurde. Aber der Zug der Zeit ging auch an Barings nicht vorbei. Offenbar versuchte die Geschäftsleitung in den letzten Jahren zweigleisig zu fahren, auf der einen Seite konservativ und auf der anderen Seite auch den modernen Finanzinstrumenten zugewandt.

Aber Barings war auch nach der Pleite immer noch gut genug, um eine ganze Reihe von Kaufinteressenten auf den Plan zu rufen, darunter auch die deutsche Dresdner Bank und zahlreiche ausländische kompetente Adressen. Das Rennen machte schließlich die niederländische Versicherungsgruppe ING, die auch in Zukunft beabsichtigt, am Finanzplatz Singapur weiter mit Futures zu handeln. Die alte Terminhandelsfirma Baring Futures wurde aufgelöst und durch eine neue ersetzt.

Der Kaufpreis für die Barings-Bank soll deutlich unter 100 Millionen Pfund gelegen haben. Die leitenden Angestellten wurden entweder entlassen oder fungieren bis zur endgültigen Abwicklung der Affäre als Berater, so auch der ehemalige Chairman Peter Baring. Die Führungskräfte der Barings-Bank werden wahrscheinlich nie wieder die Erlaubnis zur Tätigkeit in führenden Stellungen des britischen Finanzzentrums erhalten. Der Abschlußbericht der Bank von England wird zu dem Ergebnis kommen, daß der Zusammenbruch durch mangelnde Kontrolle und Aufsicht praktisch im gesamten Managementbereich der Barings-Bank verursacht wurde.

Als die Direktoren in London das Ausmaß der fernöstlichen Katastrophe erfuhren, brachen sie angeblich in Tränen aus. Und auch andere Bankiers der City und speziell der Vorstand der Bank von England, dem die Aufsichtspflicht über die Einzelbanken der Insel obliegt, soll schockiert nach seinem Einstecktüchlein gegriffen haben.

Das Debakel

Am Anfang seiner erfolgreichen Karriere wurden Leesons Künste durchaus geschätzt, und es entwickelte sich ein Verhältnis, wie es in der Banken- und Geldszene sehr oft vorkommt. Wenn ein Händler erst einmal dank beachtlicher Erfolge das Vertrauen seiner Oberen genießt, lassen sie ihm oft weitgehend freie Hand. Immerhin soll Leeson mit dem Aktienindex-Future Nikkei 225 im Jahr 1994 rund 25 Millionen Pfund verdient haben.

Im ersten Halbjahr 1994 kam ein Drittel des Barings-Gewinns aus seinen Geschäften in Singapur. So durfte Leeson, der zunächst nur Geschäfte für Kundenkonten abgewickelt hatte, bald ans "ganz große

Geld" - er durfte für die Bank selbst Kontrakte schließen. Doch Leeson hob leider ab. Die Millionenpakete, mit denen er spielte, wurden immer größer, und seine Wetten wurden immer riskanter: Er setzte ohne Absicherung auf einen steigenden Aktienindex in Japan, und das wurde ihm und Barings letzten Endes zum Verhängnis. Für Marktkenner wurde dabei klar, daß hierfür nicht nur Arbitrage-Geschäfte verantwortlich sein konnten, sondern daß es sich auch um riskantere Positionen gehandelt hat. Zum Beispiel gehören zu solchen Positionen der gleichzeitige Kauf und Verkauf von Optionen, die sogenannten Short-Straddles. Diese Strategie geht davon aus, daß der Nikkei-Index bis zum Verfall der Optionen innerhalb eines engen Handelsbereiches verbleibt und der Verkäufer die Verkaufserlöse annähernd ungeschmälert einstreichen kann.

Bemerkenswert ist, daß Barings in ihren Prognosen zum japanischen Aktienmarkt seit geraumer Zeit sehr bullish, also sehr optimistisch, war, eine Haltung, die von anderen Japanexperten vor allem angesichts der politischen Probleme im Land und des Erdbebenschocks mit Verwunderung registriert wurde. Die internationale Investmentkundschaft zog sich aus Japan zurück, teils auch verunsichert durch das enttäuschende Management der Naturkatastrophe. Japan als High-Tech-Nation war bei den internationalen Investoren in Ungnade gefallen.

Diesen Trend unterschätzte Leeson auf geradezu fahrlässige Art und Weise. Er war aber bereits so weit in seine Spekulationen verstrickt, daß er, ohne sich zu offenbaren, schon damals nicht mehr heil aus der Geschichte herausgekommen wäre. Und so spielte er weiter. Schließlich hatten sich bei Barings in Singapur Finanzwetten über ein Gesamtvolumen von 29 Milliarden Dollar angehäuft.

Und zum Schluß operierte Nick Leeson so wie ein unglücklicher Spieler am Roulettetisch, mit immer größeren Einsätzen versuchte er, seine Verluste im Spiel wettzumachen. Er setzte wieder auf Rot und auf den steigenden Nikkei, doch es kam Schwarz. Der Index fiel ins Bodenlose. Über 44000 Positionen, mehr als die Nikkei-Futures aller anderen Banken, kamen so zusammen.

Ironie des Schicksals: In Japan ist der Handel mit Derivaten im Vergleich zu anderen Weltfinanzzentren noch wenig entwickelt. Das Geschäft mit den Futures floriert deshalb immer stärker in Singapur, wo es kaum gesetzliche Beschränkungen für Finanzinnovationen gibt. Zuletzt wurden an der dortigen Terminbörse SIMEX genauso viele Kontrakte des japanischen Wertpapierindexes gehandelt wie an der Osaka Stock Exchange, die in Japan das Monopol für dieses Geschäft besitzt. Noch eine Woche vor dem Zusammenbruch hatte Nick Leeson ein Interview gegeben und erklärt, er sei stark im Nikkei 225 engagiert. Leeson konnte im Singapur-Office offenbar schalten und walten, wie er wollte. Er war sowohl im Front-Office als auch im Back-Office, sowohl im Handel als auch in der Abwicklung tätig, und konnte dort anscheinend unbehelligt arbeiten. Er kontrollierte praktisch selbst die Abwicklung seiner Geschäfte.

Prüfer hatten schon Mitte vergangenen Jahres die fehlenden Kontrollen in Singapur moniert. Sie waren wegen der hohen Gewinne in Leesons Abteilung stutzig geworden und hatten sich gefragt, ob die Regeln gebrochen wurden, um diese hohen Gewinne zu machen. Leeson war bis zu seinem Absturz nicht der Wunderknabe schlechthin gewesen. Auf dem Konto Error-Account mußte er 1994 schon 50 Millionen Pfund an Verlusten verbuchen. Das war aber weiter nicht schlimm, denn auf der anderen Seite - dem Gewinnkonto - standen 75 Millionen Pfund dagegen.

In der zweiten Phase des Skandals führte der nachgebende Nikkei-Index - er verlor im Verlauf des Februars rund 10 Prozent seines Wertes - in ein anderes Stadium. Hierfür hätte es eine Reihe von Strategien gegeben, die erfahrenen Optionshändlern zur Verfügung stehen. Leeson verzichtete aber offenbar darauf. Er setzte weiter auf steigende Aktienkurse und versuchte im Vertrauen auf die Finanzstärke seiner Bank durch massiven Kauf von Index-Futures ins Plus zu kommen. Als Gewähr für die Erfüllungsabsicht ist bei Nikkei 225 nur eine Sicherheitsleistung von 3,25 Prozent des Kontraktwertes nötig. Leeson brauchte beim Abschluß also keine großen Mittel zu binden.

Die Sicherheit oder der Margin dient dazu, täglich anfallende Verluste aus den Kontrakten abzudecken. Der Wert jedes Kontraktes richtet sich nach dem Nikkei-Stand. Barings soll zwischen 18 und 20 Millionen Yen je Vertrag gezahlt haben, das sind umgerechnet zwischen 250000 und 300000 DM (ca. 130000 Pfund). Bei nachgebendem Indexstand war so eine Aufstockung der Margin-Verträge notwendig, da die verkaufte Verkaufsoption und die gekauften Futures fast täglich an Wert verloren.

Wenn die Margin-Leistung nicht erbracht wird, so sehen die Börsenregeln vor, sind die Kontrakte zu liquidieren. Leeson war also gezwungen, sich laufend neue Mittel zu beschaffen, damit seine Positionen nicht aufflogen.

Über die genaue Handelsstrategie gibt der Untersuchungsbericht der Bank von England Aufschluß. Die Spezialisten sind der Meinung, daß Barings so viel Geld verloren hat, weil Short-Puts und Long-Futures eingesetzt wurden, was die Long-Position noch verstärkte. Beide Instrumente zielen auf eine steigende Börsentendenz. Wäre die Position aufgegangen, so hätte Leeson einen dicken Gewinn eingefahren und wäre der Held gewesen.

Zunächst konzentrierte sich Leeson auf die risikoärmeren Arbitrage-Geschäfte, mit denen versucht wird, minimale Differenzen zwischen den Nikkei-225-Notierungen in Singapur und Osaka auszunutzen.

Seine Abwicklungsabteilung betrog Leeson offenbar damit, daß er die ausstehenden Kontrakte nicht dem Eigenhandel der Bank zurechnete, sondern sie für Kunden deklarierte. Schließlich wurden die Futures auch fachgerecht auf Fehlerkonten oder imaginäre Konten verbucht, die nicht der internen Computerüberwachung unterlagen. Und am Ende war guter Rat teuer, weil die Tendenz an Tokios Börse nicht Leesons Erwartungen entsprach. Jeder Indexpunkt-Rückgang hätte mit zusätzlichen Sicherheitsleistungen erkauft werden müssen. Die Spekulationsblase in Singapur platzte, und der Futures-Handel in Osaka mußte vorübergehend ausgesetzt werden.

Bereits Anfang Februar wurde das Barings-Engagement mit offenen Nikkei-Kontrakten an der Osaka Future Exchange für jedermann sichtbar. Barings war der mit Abstand größte Positionsinhaber, und die Gerüchte über eine Schieflage mehrten sich.

Händler berichteten, daß die auffälligen Aktivitäten wochenlang an den Börsen in Japan und Singapur diskutiert worden seien.

Nach Aussage der Bankleitung wurde aber erst am 24. Februar, einen Tag nach dem Verschwinden von Leeson, das Ausmaß der Geschäfte intern offengelegt. Offenbar hat die Bankspitze durch mehrfache Aktionen im Vertrauen auf Leeson mindestens 550 Millionen Pfund nach Singapur zur Sicherheitsstellung der Futures übertragen und der Öffentlichkeit den 24. Februar als Tag der Bescherung offeriert. Insofern wäre Leeson kein Alleintäter. Mittlerweile sind auch Zweifel an der Aussage von Chairman Peter Baring aufgekommen, wonach er Opfer einer Verschwörung gewesen sei. Baring ließ bereits am 17. Februar Leesons Geschäfte in Singapur untersuchen. Allerdings war es da schon zu spät.

Pech eines Profis? - Die Geschichte Nick Leesons ist eher die eines überforderten Jungen, der die Geister, die er rief, nicht wieder los wurde. "Der Druck ist zu stark geworden", schrieb er einen Tag nach seiner Flucht in einem Brief an seine Vorgesetzten. "Meine Gesundheit ist so stark beeinträchtigt, daß ein Zusammenbruch unmittelbar bevorsteht."

An der Börse liegen Erfolg und Mißerfolg nahe beieinander: Noch im Januar erschien die Welt in Ordnung, damals hatte Leeson einen Bonus von umgerechnet 2 Millionen DM für seine erfolgreichen Geschäfte mit Derivaten in Singapur erhalten. Wenige Wochen später trieb er das Londoner Institut in den Bankrott.

Zwar weiß man seit Jahr und Tag, daß in vielen Geldhäusern auf leichtsinnige Art und Weise hin und her spekuliert wird, aber die Nachricht von Leesons finanziellem Amoklauf hinterließ doch ein ungutes Gefühl. Nick Leeson müsse an ein Wunder geglaubt haben, sagten die Wertpapierhändler in Singapur.

Der angebliche Wunderglaube ist nur eine der vielen Legenden, die sich jetzt um ihn ranken. Er soll wie Dr. Faust mit dem Teufel paktiert haben, wenn es ihm einen Gewinn einbrachte. Leesons Ex-Kollegen berichten, daß der Barings-Händler für seine Eskapaden bekannt gewesen sei. Angeblich lebte er auf großem Fuß. Er trug teure Designer-Anzüge und verbrachte die Nächte mit Vorliebe in den Yuppie-Bars am aufgemotzten Board-Quay. Leeson wird nachgesagt, er habe fast überall, wo er aufgetreten sei, unbezahlte Rechnungen hinterlassen, zuerst noch harmlose, die ihn vom Bezug einer Kreditkarte disqualifiziert hatten, am Ende aber nun in Milliardenhöhe.

Seit es an den Finanzmärkten riesige Kursschwankungen gibt, sind die Chancen, mit ganz viel Geld zu spielen und ganz schnell reich zu werden, noch viel besser geworden. Es hat sich eine neue Spezies von Spekulanten etabliert. In dieser neureichen Szene, wo über Telefon und Schreibtisch täglich Milliarden bewegt werden, zählte Leeson zu den Arrivierten. Er arbeitete zunächst bei Coutts und dann bei Morgan Stanley. Schließlich schaffte er den Sprung zu Barings, der allerfeinsten Adresse der Londoner City. Seinen Aufstieg krönte er mit dem Wechsel auf den prestigeträchtigen Außenposten Singapur.

Ein 28jähriger, der täglich Millionen hin und her schob, griff ein paar Mal daneben, und die internationale Finanzwelt geriet in Aufruhr. Der junge Brite hat virtuos gezeigt, wie leicht die internationalen Finanzmärkte zu erschüttern sind und wie sehr die Finanzmärkte von den Spielerlaunen einzelner abhängig sind.

Die Schockwelle wirkt immer noch nach. Viele Banker stellten die Frage, ob nicht überall irgendwo ein neuer Leeson sitzen könnte, der beim Jonglieren mit Millionen mal den Überblick verliert. "Gott sei Dank war es nur Barings", schrieb der britische Economist, "was aber passiert, wenn ein größeres Haus zusammenbricht?"

Die Angst vor dem großen Knall wächst, seit die Finanzzentren der Welt dank moderner Technik enger denn je verflochten sind und alle notwendigen Informationen in Sekunden über Computer ausgetauscht und Milliarden einfach per Tastendruck von einem Winkel der Erde in einen anderen verschoben werden können. Die Computertechnik erleichtert Spekulationen, und sie ermuntert sogar dazu. So werden die Finanzmärkte heute immer häufiger mit einem großen Spielkasino verglichen.

Nachdem sich Leeson mit seiner Frau Lisa Jane Ende Februar aus Singapur abgesetzt hatte, machten sie in einem Strandhotel in Malaysia Urlaub. Dann flogen sie über Brunei, Bangkok und Dubai weiter nach Frankfurt. Dort war die Tour zu Ende. Beamte des Bundesgrenzschutzes mit Fahndungsfotos in den Händen erkannten den Briten sofort. Im Terminal 2 des Flughafens wurde Leeson zunächst mit Kaffee und Kuchen bewirtet. In einer eigens veranstalteten Pressekonferenz freute sich der Grenzschutzchef Klaus Severin vor 14 Kameras öffentlich über den Erfolg seiner Truppe. Dann wurde Leeson erst einmal in die Zelle des Frankfurter Untersuchungsgefängnisses Klapperfeldstraße gebracht. Dort harrte er an Ostern 1995 seines weiteren Schicksals.

Seinem Anwalt Eberhardt Kempf erzählte er, daß er nicht an Singapur ausgeliefert werden möchte, weil die Rechtsprechung dort nicht so sei, "wie wir das kennen". (Der Stadtstaat Singapur möchte seine Bürger zu strikter Ordnung und Disziplin erziehen. Für Diebstahl oder Betrug kann lebenslange Haft verhängt werden.) Der Fall Leeson birgt auch diplomatische Komplikationen. Während Leeson noch in Frankfurt festsitzt, wollte ihn die Singapurer Finanzpolizei am liebsten gleich mitnehmen. Vor dem Oberlandesgericht Frankfurt begründeten drei Beamte aus Singapur das Auslieferungsersuchen mit Betrug und Urkundenfälschung - einem schweren Delikt. Leeson will sich notfalls bis zum obersten Gericht gegen eine Auslieferung zur Wehr setzen.

London indessen zeigte bislang kein Interesse am gescheiterten "Golden Boy". Großbritannien ersuchte Deutschland nicht um Auslieferung des Barings-Händlers. Die zuständigen britischen Behörden sind der Ansicht, daß sie zunächst Singapur den Vortritt lassen sollten, weil die Vorfälle, die zum Kollaps der Merchantbank geführt hatten, sich dort und nicht im Vereinigten Königreich abgespielt hätten - obwohl es Indizien dafür gibt, daß der Geldtransfer nach Singapur vorher abgesprochen war. Ein Vertreter des Auswärtigen Amtes in Bonn erklärte, er glaube nicht, daß das Rechtssystem und die Situation in den Gefängnissen Singapurs die Sachlage beeinflussen würden. Auf höchster Ebene wurde die Entscheidung über die Auslieferung Leesons an Singapur nicht von der Menschenrechtslage in dem Stadtstaat abhängig gemacht. Im wesentlichen hängt die Entscheidung über eine Auslieferung von der Beweiskraft der von Singapur vorgelegten Dokumente ab.

Schnittstelle Singapur

Natürlich hat das Desaster in Singapur eine Menge Fragen aufgeworfen, insbesondere nach den Kontrollmechanismen und wer im Falle eines globalen Crashs die Lawine aufhalten kann. Viele Experten fragen sich, ob die Merchantbanken über die nötigen finanziellen Ressourcen verfügen, um bei den großen Playern mithalten zu können.

Die zuständigen Behörden in Singapur wehren sich gegen jede Art von Vorwurf: Das Bankhaus Barings sei voll für die schwerwiegenden bankinternen Unterlassungssünden verantwortlich. Aber der Stadtstaat selber fühlte sich gedemütigt. Und nicht nur deshalb wird er Nick Leeson hart bestrafen. In einem regulierten Staat wie Singapur ist ein Schaden in dieser Größenordnung nicht nur ein Schock, sondern kommt auch einer Beleidigung gleich. Zunehmend mehr internationale Investoren vertrauten der robusten Wirtschaft und den stabilen politischen Verhältnissen, und Singapur galt als sicherer und lukrativer Standort im Vergleich zu dem stets risikobehafteten Hongkong. So war mit Blick auf das Schicksalsdatum der Kronkolonie - sie fällt 1997 an China - ein gewisser Zuzug von Konten aus Hongkong festzustellen. Außerdem war es Singapur in kürzester Zeit gelungen, sich eine

Nische im rasch wachsenden Geschäft mit den Derivaten zu erschließen. 1994 stieg das Handelsvolumen an der Terminbörse SIMEX um 50 Prozent. Täglich werden dort im Schnitt 100000 Kontrakte abgeschlossen. Mehr als 80 Prozent des Geschäfts stammen aus dem Ausland.

Singapur ist stolz auf seine Regulatorien, die zur Kontrolle des Aktienmarktes, der Bankenindustrie und des Geldhandels eingeführt wurden. Große Verluste im Devisenmarkt und Bankzusammenbrüche hat es stets in anderen Märkten gegeben, bisher aber nicht in Singapur, dennoch hat man die Krise nicht abwenden können. Aber dem Konkurrenten im Fernen Osten, etwa den Brokern in Hongkong, blieb in diesem Fall das schadenfrohe Lachen im Halse stecken.

Die Terminbörse Singapurs galt bisher als Stolz der Nation. Die Regeln und Kontrollmechanismen der 1984 eröffneten Börse kopierten die Singapurer von den Amerikanern. Ziel der SIMEX: Singapur zum Zentrum für Risikogeschäfte auszubauen. Von 1992 bis 1994 verdoppelte sich das Handelsvolumen von 12,18 auf 24,06 Millionen Kontrakte. Auch 1995 rechnete SIMEX trotz des Skandals mit neuen Rekorden. Der Handel im Januar stieg gegenüber dem Vorjahresmonat um 38,5 Prozent. Zu den Kontrakten mit der besten Entwicklung zählten Futures und Optionen auf den Nikkei-Index, mit denen Leeson handelte, sowie Euro-Yen-Futures und Erdölkontrakte. Und aufmunternd hat die SIMEX im ersten Quartal 1995 die Börsenteilnehmer zu noch höheren Aktivitäten ermutigt.

So glauben die Händler in Singapur nicht, daß der Barings-Fall auf lange Sicht zu Umsatzeinbußen führen wird. Die Geschäfte laufen inzwischen wie gewöhnlich, das Milliardenspiel geht weiter. Die von Barings gehaltenen Nikkei-225-Futures wurden von der SIMEX inzwischen liquidiert. Das Nachlaßgeschäft besorgten die renommierten Investmentbanken Bankers Trust und Goldman Sachs.

Dennoch kam die SIMEX in den Verdacht der Nachlässigkeit. Der Hauptgrund, warum sie nicht intervenierte, um offene Positionen zu vermeiden, lag in der Tatsache, daß Barings in den ersten 18 Tagen des Februar mit der Bezahlung von netto 128 Millionen US-Dollar keine Probleme erkennen ließ, so Singapurs Finanzminister Hu. Die SIMEX ging bei Barings von Arbitrage-Geschäften mit niedrigerem Risiko aus. Zur Rettung der Börsenreputation und um eventuelle Zweifler schnell zu beruhigen, kündigte Hu eine weitere Verschärfung der Börsenregularien an.

Die Kapitalmärkte Ostasiens sind ein idealer Handelsplatz für hochspekulative Gelder. Schon im November 1994 warnte das Flaggschiff der japanischen Wirtschaftspresse, die Nihon Keizai Shimbun, der Kontinent sei eine neue Brutstätte riskanter Profitgier. Ärger gab es auch anderswo: Mitte November 1994 ging das Brokerhaus Lehman Brothers in Peking gegen zwei staatskontrollierte chinesische Unternehmen vor Gericht, die versäumt hatten, Obligationen auf Devisen und Swaps im Wert von 100 Millionen Dollar einzulösen.

Noch vor fünf Jahren gab es keine westlichen Broker in Singapur. Heute stellen sie bereits 10 Prozent der Marktteilnehmer. Die neue Brokergeneration besteht aus den Rezessionsflüchtlingen der 90er Jahre. Die jungen Börsen Asiens schaffen Arbeitsplätze und eine neue reiche Generation. Einen Steinwurf von dem Bankenviertel entfernt am Singapur River in Harry's Bar verbringen die Börsenyuppies den Feierabend. In ihrer Lieblingsbar trinken sie chinesisches Bier, schottischen Whisky und französischen Champagner. Nicht selten hauen die Yuppies an einem Abend Zechen von umgerechnet 2000 DM pro Person auf den Kopf. Am Wochenende tauschen sie den dunklen Anzug gegen den Golfdress, oder sie spielen Polo in Singapurs elitärem Poloclub. Die Jungs von der Börse fahren teure Autos und wohnen wie Leeson in den noblen Stadtteilen Singapurs - ein krasser Gegensatz zu Leesons Herkunft aus dem eintönigen Londoner Vorort Watford.

Steile Karrieren sind in Singapur keine Seltenheit. Wer will, kann hier Tag und Nacht arbeiten. Der Grund für das Wachstum: Singapur ist die zeitliche Schnittstelle für die internationalen Finanzmärkte. Während in London und Frankfurt noch alles schläft, sitzen die Dealer in Singapur ab 7.00 Uhr morgens Ortszeit am Computer und Telefon und handeln mit Tokio. Zwei Stunden später öffnen die südostasiatischen Börsen. Nach weiteren acht Stunden gibt es erste Ergebnisse aus Frankfurt und London. Und wer durchhält, nimmt später auch noch New York mit. Die meisten der Börsenyuppies in Singapur sind um die 25 Jahre alt. Sie kommen aus Australien, Amerika, Kanada und England. Die guten alten Tage, an denen Broker auch an europäischen und amerikanischen Finanzplätzen reich werden konnten, kennen sie nur vom Hörensagen. Inzwischen nimmt das Geschäft seinen alltäglichen Lauf, und Nick Leeson ist bereits Legende.

Die Akteure

Der Mammon regiert

Die Explosion des mobilen und globalen Geldes hat die Einstellung und das Leben der Menschen in der ganzen Welt beeinflußt. Die Veränderungen fanden während des Wirtschaftsbooms in den 80er Jahren statt. Es war das Jahrzehnt des individuellen Gelderwerbs. Geld verbindet die Teile der Welt, und es bildet den Maßstab, an dem sich Menschen und Nationen messen. Geld ist schon längst ein wirtschaftlicher Gebrauchsgegenstand.

Die schnelle Entwicklung der globalen Märkte und der Kapitalbewegungen löste das Geld von Waren und vom Handel ab. Und aus 400 Milliarden Dollar, die in den 80er Jahren täglich mit Devisengeschäften durch das System liefen, sind bis 1995 rund 1000 Milliarden Dollar geworden.

Für viele, nicht zuletzt die Ökonomen und Experten selbst, sind die alltäglichen riesigen Finanzgeschäfte furchterregend, und sie beklagen ihre zerstörerischen Potentiale. Händler kaufen und verkaufen Chiffren auf einem elektronischen Bildschirm. Sie handeln mit Kollegen, die sie nie sehen. Das erinnert fast an moderne Kriegsführung, wo ein Knopfdruck auf einer Computertastatur Entscheidungen vollendet.

Daß sich Geld ohne Arbeit vermehren läßt, will Menschen mit der "alten Moral" nicht einleuchten.

Aber bereits der Dichter Heinrich Heine meinte: "Das Geld ist der Gott unserer Zeit." Karl Marx untersuchte in "Das Kapital", wie Geld und andere Waren sogar Fetischcharakter annehmen und sich der Glaube an den Kredit durchsetzt. In der industriellen Gesellschaft wurde das Geld zum Sinn und Zweck des Lebens. Lange hatten die westlichen Nationen dafür das Monopol, aber seit einigen Jahren zeigen sich im Fernen Osten ähnliche Erscheinungen. Religionen wie zum Beispiel der Buddhismus hatten das Wirtschaftswachstum lange Zeit gehemmt, aber heute ist in Japan, Taiwan oder Korea der Mammon längst zur Religion aufgestiegen. Auch die Chinesen sind enorm geldorientiert. Nur die Sowjetunion und Osteuropa scheinen zu der globalen Ökonomie noch nicht die unmittelbare Beziehung zu haben.

In den 80er Jahren begannen die Milliarden durch die Börsen zu kreuzen. Das zurückliegende Jahrzehnt produzierte auch jenen neuen Typus des Dealers, dessen Spiel eher an die Wette auf einer Rennbahn erinnert als an den seriösen An- und Verkauf von Wertpapieren in den Schalterhallen einer Bank. Kommunikation und Computer ermöglichten, daß das Geld mit rasender Geschwindigkeit über den Globus fegt. Die Derivate sorgen dafür, daß auf hohem Niveau spekuliert werden kann, ohne viel eigenes Geld dabei einzusetzen.

Die Finanzindustrie wurde der größte Wachstumszweig der Welt, weil die Gewinne aus dieser Art von Spekulation immer größer waren, als das bloße Arbeiten, die Gründung einer Fabrik oder die Entwicklung eines neuen Produktes einbringen konnten. In den ökonomischen Theorien der 80er Jahre war bereits enthalten, daß man auf Reichtum stolz sein konnte. Unter US-Präsident Ronald Reagan wurden die Reichen bevorzugt. Seine Regierung stellte die angebotsorientierte Wirtschaftslehre in den Vordergrund. Sie betonte, daß niedrige Steuern und Investitionen das Wirtschaftswachstum fördern. Auch deshalb begannen sich nach 1982 die Aktienmärkte der Welt spektakulär zu erholen.

Besonders in Großbritannien erlebte das Geldfieber eine neue Blütezeit. Premierministerin Margret Thatcher vertraute genauso wie Ronald Reagan der angebotsorientierten Wirtschaftslehre und der Senkung öffentlicher Ausgaben. Die finanziellen Aktivitäten erhielten eine weitere Förderung dadurch, daß die Reichen von Steuern befreit wurden. Der Höchstsatz von 83 Prozent wurde auf 60 und sodann auf 45 Prozent reduziert.

In der sozialen Existenz des Menschen spielt Geld die dominanteste Rolle. Geld ist jenes Vehikel, auf dem alles andere aufbaut. Manche konservativen Ökonomen sind sogar der Meinung, daß die Zurschaustellung von Reichtum ein wichtiger Bestandteil einer dynamischen Wirtschaft sei.

Es ist der alte amerikanische Traum und wahrscheinlich auch der des Nick Leeson gewesen, daß es jeder zum Millionär bringen kann. Denn was ist die Alternative: langweilige Arbeit im Büro, ungenügende finanzielle Mittel und keine Möglichkeit, die eigene Genußsucht ausleben zu können.

Aus den 80ern stammt die verschwenderische Generation der Yuppies, die schnell und ohne großes Zutun zu Geld kamen. Zugute kam jener Spezies, daß sie nicht mit den teils negativen Erfahrungen ihrer Vorgänger behaftet war. Die "mittelalterliche" Generation der Börsianer war von einer skeptischen Haltung geprägt, die sie sich im Laufe der ungünstigen 70er Jahre mit vielen Börsenenttäuschungen, zum Beispiel anläßlich der beiden Ölkrisen zu eigen gemacht hatte.

In den 80ern jedoch gingen die Kurse praktisch ohne Unterlaß schnurstracks aufwärts. Und mancher Yuppie, der sich als schlauer Spekulant fühlte, konnte gar nicht so schnell schauen, wie ihm das Geld praktisch von selber in die Taschen floß.

Was die Jungreichen von ihren Vorgängern am stärksten unterscheidet, ist ihre Ruhelosigkeit und das zwanghafte Bedürfnis nach Mobilität. Ihre Freude am Reichtum wirkt mitunter gekünstelt, auf manchen Beobachter wirkt sie etwas hohl. Der Lebensstil der Händler gleicht der Bewegung der rasenden Milliarden. Manche schlafen nur vier Stunden täglich, sie stehen im Morgengrauen auf, um auf den Monitoren im Büro Japan zu erwischen, man dealt am Telefon in seinem Wagen oder im Helikopter, während es zum jüngst erworbenen Jagdhaus geht.

Nach mehr als 40 Jahren hohen Wachstums war in den 80ern eine bisher nie gekannte Prosperität eingekehrt. Die Leichtigkeit, mit der man Geld machen konnte, führte zu einer neuen Art des aggressiven Kapitalismus. Vorbilder waren die sogenannten Raider, die in den USA mit feindlichen Übernahmen Unternehmen aufkauften und sie in Einzelteile zerlegten. In dieser Form waren sie mehr wert als der große Konzern im ganzen. Die aggressiven Übernahmepiraten wie Sir James Goldsmith, Ivan Boesky, T. Boone Pickens oder Carl Icahn, Henry Kravis und

Ronald Perrelmann fungieren als Vorbild der jungen Börsengeneration.

Aggressiver Kapitalismus herrscht auch bei den Devisen- und Derivatehändlern. Der Junk-Bond-König Michael Milken lieferte den Raidern mittels neuer Finanzierungsmodelle das Gerüst, um Gesellschaften übernehmen zu können und mit großer Beute abzuziehen. Im Jahre 1988 gab es in Amerika Fusionen im Wert von 250 Milliarden Dollar, zweimal so viel wie vier Jahre zuvor. Der Rekord war der Aufkauf des Lebensmittel- und Backkonzerns Nabisco für 25 Milliarden Dollar.

Die größten Unternehmensübernahmen in Milliard. Dollar

Zeitpunkt	Opfer	Übernehmer	Wert in $
12/88	RJR Nabisco	Kohlberg Kravis Rob. & Co.	25,070.00
8/89	Taiyo Kobe Bank	Mitsui Bank	19,931.75
7/89	Warner	TIME Inc.	14,000.00
3/84	Gulf Corp.	Standard Oil Co.	13,200.00
9/94	McCaw Cellular	AT&T	12,300.00
12/88	Kraft Inc.	Philip Morris	12,900.00
7/89	Squibb Corp. Comm.	Bristol-Myers Co.	11,520.00
7/84	Getty Oil	Texaco Inc	10,100.00
2/94	Paramount Comm.	Viacom Inc	10,076.00
Pending	Martin Marietta Corp.	Lockheed Corp.	10,000.00
8/94	American Cyanamid	American Home Products	9,700.00

Quelle: Wall Street Journal

In Zeiten, als die großen Macher noch zur Börse kamen, lag es für die kleinen Spieler nahe, durch genaue Beobachtung vom Know-how der Großen zu profitieren. Und die nutzten die Neugier der Mitläufer. Legendär ist der Coup von Nathan Mayer Rothschild. Nach der Schlacht von Waterloo stieß er demonstrativ englische Staatsanleihen ab und signalisierte so eine Niederlage Wellingtons. Die Masse verkaufte in Panik ihre Papiere, die Rothschild dann wieder über Mittelsmänner zu Tiefstpreisen heimlich aufkaufte.
Zur Legende wurde auch Daniel Drew. Der Großspekulant ließ an Wall Street schon einmal eine Kauforder aus der Tasche flattern, damit die Leute auch sahen, was draufstand. Stieg der Finder ein und brachte das Gerücht von Drews Kaufabsichten in Umlauf, konnte dieser günstig verkaufen.

Einer der erfolgreichen Spekulanten der Neuzeit ist der 40jährige Paul Tudor Jones. Ausgerechnet im Oktober 1987, der für viele ein Katastrophenmonat war und Milliardenvermögen vernichtete, fuhr der Fonds von Paul Tudor Jones eine Wertsteigerung von 62 Prozent ein. Im Jahr zuvor hatte er mit 99,2 Prozent abgeschlossen. Sein Tudor-Futures-Fund stand im Gründungsjahr 1984 bei 1,5 Millionen Dollar, schon vier Jahre später hatte er ihn auf 330 Millionen Dollar gepuscht.

Das Privatvermögen des George Soros wuchs 1992/93 um 650 Millionen Dollar. Der mächtige Spekulant wirkt sehr selbstbewußt. Im Juli 1993 kürte ihn die Zeitschrift Finanical World zum Wall-Street-Topverdiener. Der mittlerweile 65jährige sagt von sich selbst: "Risiken faszinieren mich." 1969 startete er (das gehört alles zu der Vorbildfunktion für die jetzigen Milliardenzocker) den Aufbau der Quantum-Fond-Gruppe in Churacao auf den niederländischen Antillen. Soros Fonds bediente die Anleger im Schnitt mit bis zu 40 Prozent Jahresrendite. Als er 1993 im Mai ein 400-Millionen-Dollar-Paket des größten US-Goldschürfers New Mont Mining von Goldsmith kaufte, war das genügend Grund für eine Goldhausse. Wer sich bei Gründung 1969 für 1000 Dollar in den Quantum-Fonds eingekauft hatte, konnte den Anteil 1993 für 1,3 Millionen Dollar verkaufen.

Ein erfolgreicher Glücksritter war auch Julian Robertson. Der 62jährige Inhaber der Tiger Management war bei den Attacken gegen Pfund, Lira und Franc im Jahr 1993 mit dabei. Mehr als 3,6 Milliarden Dollar Kapital managt Robertson in vier Fonds mit den Kampfnamen - das Spiel ist Krieg -, Tiger, Puma, Puma II und Panther. Die Rendite für Anleger betrug bis zu 34 Prozent.

Aus dieser neuen Mentalität entstand die exzessive Art des Spekulierens. Das Spiel verlagerte sich weg von Aktien und anderen Wertpapieren zu Währungen und den Derivaten darauf.

Als 1971 die USA den Dollar vom Gold loskoppelten und sich die Währungen frei bewegten (es war das Abkommen von Bretton Woods), sah niemand die hektischen Bewegungen voraus, die in den 70er und dann vor allen in den 80er und 90er Jahren folgen sollten.

Aus dem Boom zogen jene den größten Nutzen, die die Finanzgeschäfte machten, und nicht die produzierende Industrie. Es waren die Arbitrageure, die

Devisen- und die Aktienspekulanten sowie die Investmentfonds-Manager, die die großen Geschäfte machten. Der Superspekulant Sir James Goldsmith sagte einmal, ohne Raubtiere gäbe es keine lebendige Industrie. Die amerikanischen Firmenpiraten (Raider) konnten Unternehmen am Kragen packen, ihre Aktien aufkaufen, ihre Aufsichtsräte terrorisieren, sie übernehmen und völlig umkrempeln. Diese Firmenübernahmen waren das dramatische Symptom der fundamentalen ökonomischen Veränderungen der 80er Jahre.

"Ein Händler befindet sich immer im Konflikt zwischen Gier und Furcht", sagte der ehemalige US-Notenbank-Chef Paul Volcker. Daß die Yuppies in den 80er Jahren ihre Positionen länger durchhielten als die ältere Börsengeneration, liegt sicherlich daran, daß infolge der problemlosen Gewinne eine ganz andere Risikobereitschaft herrschte, die sich bis in die heutigen Tage noch verstärkt hat - im Gefühl, alles im Griff zu haben. Die wilde Jagd nach dem Geld begann eigentlich in den 80er Jahren. Zur hemmungslosen Spekulation trug sicher auch der Einsatz von Computern bei, denn auf dem Bildschirm wirken die Zahlen wie Spielgeld.

Offiziell beobachteten die Banken die Liberalisierung der Märkte mit Sorge, wie Frankenstein sein Monster, aber intern spielten sie alle mit. Die rasenden Milliarden zogen eine neue Zunft weltweit operierender Dealer an, die sich bemühten, mit ihnen Schritt zu halten und Profit aus ihren Bewegungen zu ziehen. Je größer und mobiler die Geldsummen sind, die um die Welt fließen, desto kürzer wird die Zeitspanne, in der sie genutzt werden können.

Früher waren die Händler im Börsensaal ein lebendiger ausgelassener Haufen, der miteinander viel Spaß hatte. Der Börsenbesuch war wie ein Blick über eine Landschaft, über die der Wind streicht, man sah genau, woher er kam, in welche Richtung sich die Halme bogen und manchmal auch wie ein Hagelschauer nahte und alles platt machte.

Dies ist heute nicht mehr so. Die Händler sitzen am Computer, und das Geschäft ist entpersonifiziert. Früher konnte man innerhalb einer Stunde mit fünf erfahrenen Börsenchefs, drei Geschäftsführern von Kapitalanlagegesellschaften oder vier Bankvorständen reden und wußte hinterher, wohin der Hase läuft, auch wenn die Herren selber nicht unbedingt das zum Besten gaben, was sie am Markt machen würden. Aber man kannte seine Pappenheimer sehr genau - schließlich war das die Basis des Erfolges.

Der Computer enthält einem solche Erlebnisse vor. Der Börsenbesuch von heute vermittelt den Eindruck von viel Wettbewerb um die Orders und um das schönste Handy, die tollsten Schuhe und das beste Imponiergehabe.

1995 muß man, um ein Gefühl für den Lauf des Hasen zu bekommen, sich in die Computer-bestückten Handelsabteilungen begeben. Dort sitzen die hauseigenen Formel-I-Piloten vor ihren Multischirmen und folgen mit den Augen Hunderten von Zahlen.

Noch Ende der 80er Jahre war das Outfit eine seriöse Verpackung mit goldener Krawattennadel, die die Reife des eingefleischten Bankers selbst dem jüngsten Dealer signalisierte. Der auslandserfahrene Termin- und Kontrakthändler ist inzwischen üblicherweise zwischen 25 und 35 Jahre alt. Die Handelsabteilung einer Großbank in Frankfurt, London oder New York besteht oft aus Angestellten aller Herren Länder, und es ist durchaus möglich, daß im Handel der deutschen Niederlassung einer französischen Großbank vorwiegend englisch gesprochen wird.

In der Öffentlichkeit entsteht zumeist ein falscher Eindruck über die Welt der Börse, denn die Dealer werden im Fernsehen oder im Kino gerne als Wunderkinder präsentiert. Manchmal scheint es so, als ob sie mit sechs Telefonhörern gleichzeitig hantieren könnten, obwohl auch sie nur zwei Ohren haben. Das gehört zum Mythos, den das Fernsehen und die Presse in den letzten Jahren über die Szene geschaffen haben.

Aber ein Händler kann nicht mehr als auf der einen Seite den Dollar und auf der anderen Seite die DM haben oder auf der einen Seite Frankfurt und auf der anderen Seite zum Beispiel London. Natürlich wird im Team gearbeitet. Der Ball wird sozusagen weitergespielt! Ein Händler hat den Dollar in Frankfurt/London und der Kollege nebenan den von London/Paris oder Zürich. Diese Differenzen gilt es dann im sogenannten Arbitrage-Geschäft zu nutzen.

Im Handelssaal einer Bank beschränkt sich das Vokabular häufig nur auf ein Kauderwelsch, zum Beispiel ist von kurzfristigen Tests, von Marken die Rede, von Knackpunkten, vom Treten auf der Stelle, von Vola, Delta und Gamma. Auch die Händler wiederholen sich in ihren Argumenten, entweder Dollarhöhenflug oder Crash, Zinsspirale ohne Ende nach oben oder nach unten.

"Aktien sind sehr teuer", sagen die einen, aber das Gewinnmomentum sei auch sehr hoch. Andere meinen, daß die Börse einbricht, und der Dow auf 1750 fällt, von 4200 im April 1995, andere sprechen von einer unsichtbaren Baisse, die schon bald in die nächste Hausse münden wird. - Es ist als ob die "Golden Boys" eine eigene Kunstsprache haben, in der sie sich verständigen.

Es hat sich eine neue Sprache entwickelt, die dem Amerikanischen entliehen wurde, der Sprache des Landes, das als Mutterland des modernen Terminhandels gilt. Egal, ob es um Straddles oder Vertical-Bullput-Spreads geht - für junge Leute stellt auch die besondere Sprache der Händler eine wunderbare Spielwiese dar - eine Art Code, der die Zugehörigkeit zu einem elitären Zirkel signalisiert.

Oft werden Jahre nach den markantesten Ereignissen benannt: Das Jahr der Aktie, der Rohstoffe, des Crashs. Das Jahr 1994 war übrigens das Jahr der Fehlprognosen, weshalb sich verständlicherweise für 1995 jeder so "einmittelte", daß er entweder mit seiner Prognose nicht "alt" aussieht oder aber sich in bester Gesellschaft befindet. Das Handelsblatt hat die gesammelten Prognosen von 33 Banken auf dem deutschen Kapitalmarkt veröffentlicht, die sich gleichen, wie ein Armeehaarschnitt dem anderen.

Der geballte Schätzungskonsens von rund 700 Volkswirten, Analysten und Helfern bei einem geschätzten Gesamtbudget von 100 Millionen DM ohne Druckkosten landete bei minimalsten Abweichungen: "Die Zinsen fallen nicht in der zweiten Hälfte des Wirtschaftsaufschwungs, vor allen Dingen nicht bei so vielen DM-Auslandsemissionen, Aktien sind im historischen Vergleich teuer, sinkende Realeinkommen lassen keine Netto-Neukäufe von Aktien zu, der schwache Dollar würgt Wirtschafts- und Gewinnwachstum ab, und eine Blase nach der anderen platzt in Folge!" So oder ähnlich lauteten die Aussagen.

Zwar sagen die Banken, Zockertypen könnten sie nicht brauchen, aber der klassische konservative und ältere Bankbeamte hat im Handel und gerade bei den Derivaten doch wenig zu suchen.

So entstand der neue Typ von Wertpapiermaklern. Sie machten den Hosenträger wieder gesellschaftsfähig. Das Stück Gummi ist inzwischen Klischee der Yuppiegeneration. Die breiten knallbunten Hosenträger umgibt seitdem die Aura des schnellverdienten Geldes. Zu einer Zeit, wo die Aktienkurse dauernd auf neue Rekordmarken sprangen, bekam der Beruf des Brokers und Händlers einen neuen Reiz.

Die Milliardenzocker sind adrette junge Männer mit Kurzhaarschnitt, in dunklen Anzügen mit gestreiften Hemden und bunten Krawatten, die in der Kneipe Corney and Barrow im Herzen der Londoner City oder in den übrigen Szene-Kneipen am Tresen stehen. Sie fahren schicke Sportwagen, entspannen sich für einen Kurztrip in der Karibik oder in den feinen amerikanischen Alpin-Stationen. Eine Eigentumswohnung mit Themseblick im vornehmen Stadtteil Chelsea gehört zum guten Ton. In Deutschland sind die fixen Jungs, die mit den Milliardenströmen handeln, noch nicht ganz so klischeebehaftet. In den USA und in London dagegen ist die Gattung weit verbreitet und leicht erkennbar an Habitus und Outfit.

Söldner des Geldes

Die meisten der sogenannten "Whizzkids" oder "Golden Boys" sind süchtig nach ihren Kursen. Es geht darum, daß man abends mehr Geld hat, als man morgens hatte. Die Whizzkids sind Söldner des Geldes.

Ein Devisen- oder Derivate-Händler etwa hat wie ein Söldner keine Vorlieben, eine Währung ist ihm so recht wie die andere, es gibt nur starke und schwache Währungen, und es zieht ihn dorthin, wo er das meiste verdienen kann. Viele Händler haben nichts anderes im Kopf als ihre Kurse und dafür ein handliches Gerät, zum Beispiel den Reuters-Pager, parat. Der gibt jederzeit 24 Stunden am Tag Auskunft über DM und Yen und Pfund und wie sie zueinander und zum Dollar stehen. Manche können sich gar nicht mehr von ihm trennen. Selbst beim Essen im Restaurant bleibt der Pager an ihrer Seite. Ihr Privatleben ist meist nur unvollkommen.

Im Händlermilieu zählt nur der finanzielle Erfolg. 15-Stunden-Tage sind eher die Regel als die Ausnahme. Die Trader müssen ständig auf der Hut sein, was sich an den Finanzmärkten rund um den Globus bewegt, damit sie nichts versäumen. Sie stehen unter permanenter Hochspannung, sie müssen Entscheidungen in Sekundenschnelle treffen, die Verluste oder Gewinne in Millionenhöhe bedeuten.

Diesen Stakkatostil hält kein 40jähriger, ja sogar kaum ein 35jähriger mehr ohne Schaden durch, glaubt der Heidelberger Diplompsychologe Ottmar Ohlhausen. Spätestens nach 15 Jahren Berufspraxis müssen sich die Milliardenzocker nach einem ruhigeren Job umsehen.

Die meisten Händler haben nichts anderes gelernt als zu dealen. Deshalb ist die Angst vor Schieflagen und vor dem Rausschmiß groß. Vergnügungssucht und Ablenkung mit Alkohol und auch Drogen machen für manche den Druck erträglicher. Aber solche Konsumweisen ruinieren das Nervengerüst frühzeitig.

Nick Leeson, der 28jährige Derivat-Händler, wurde von seinen Kollegen als Durchschnittsbursche beschrieben: Ein trinkfreudiger Kerl, der morgens manchmal wie ein Zombie aussah, aber sonst okay war.

Für viele werden die Deals selber zur Droge. Das Leben an der Börse dominiert alles, sie existieren ausschließlich dafür. Bei einigen ging die Geschichte gut, sie wurden in jungen Jahren reich. Aber es gibt mehr als genug, die sich in ausweglosen Situationen um Kopf und Kragen und Job spekulieren - so wie Leeson.

Das sogenannte Chase-Syndrom setzt ein: Es beginnt die verzweifelte Jagd nach Gewinnen, um das verlorene Geld wieder hereinzuholen - ein eindeutiges Symptom von Spielsucht.

Ein unvorhergesehener Verlust in einem Geschäftsjahr kann für viele junge Leute schnell zur Existenzfrage werden. Wer keine Performance bringt, wird gnadenlos gefeuert. Die einstigen Stars stürzen ins Bodenlose. Sie verlieren dabei nicht nur einfach ihren Job. Plötzlich stehen sie ohne Geld da, ohne Status, ohne Freunde und ohne Identität. Es ist wie der Tod.

Die Fehlspekulationen des Nick Leeson erläutern Psychologen mit dem Fachbegriff "erlernte Sorglosigkeit". In diesen Zustand verfallen Menschen, die sich über einen längeren Zeitraum riskant verhalten haben, ohne daß für sie negative Konsequenzen eingetreten sind. Die Betroffenen nehmen zwar noch ein allgemeines Risiko wahr, glauben aber nicht, daß ihnen persönlich etwas passieren kann. Viele Händler dürfen keine Schwäche zeigen. Sie müssen sogar positiv rauschfähig sein und wie in Trance arbeiten können. Und mancher, so befürchten die Analytiker, hält sich phasenweise und vor allen Dingen nach Erfolgen für omnipotent. Der Überoptimismus führt dazu, daß die Gefahren nur noch bei anderen gesehen werden. Der Zusammenbruch ist dann wie das jähe Erwachen aus einem schönen Traum. Das Umfeld verstärkt dieses Phänomen.

Gerade diese Faktoren sind im Derivate-Handel besonders stark vorhanden. Komplexe und abstrakte Gefahren werden vernachlässigt. Den Händlern ist oft gar nicht bewußt, welche Risiken sie eingehen. In den Handelsräumen der Großbanken ist für Vorsichtige ohnehin kaum Platz.

Wer Erfolg hat, wird fürstlich entlohnt. Die Tophändler verdienen leicht eine halbe Million DM im Jahr. Hinzu kommt ein erfolgsabhängiges Honorar. Das Bonussystem verführt zu Alleingängen der Karrierebeseelten. Erst in einem solchen Umfeld - so muß man annehmen - reifen Händler vom Schlage Leesons heran. Wäre seine Nikkei-Wette aufgegangen, hätte ihm sein Arbeitgeber einen Millionenbonus gezahlt und ihm hocherfreut auf die Schulter geklopft.

Als größte Belohnung winkt der Aufstieg zum Teilhaber einer Investmentbank. Goldman Sachs in New York, eine der größten und erfolgreichsten Investmentbanken der Welt, machte letztes Jahr 50 weitere Angestellte zu Multimillionären, indem sie sie zu Partnern und Mitinhabern der Bank aufsteigen ließ. Eine solche Ernennung gilt als der Jackpot der Finanzwelt. 1994 standen 130 Kandidaten auf der Liste für die 40 Partnerpositionen, alle zwei Jahre werden neue Partner ernannt. Die letzte Bilanz von Goldman Sachs wies eine Kapitalbasis von 5 Milliarden Dollar auf.

Von den Händlern des Hauses wurden 1993 Futures-Kontrakte, Anleihen, Aktien und Devisenmarktgeschäfte im Umfang von 500 Milliarden Dollar abgeschlossen. Allein diese Zahl entspricht der Hälfte des gesamten britischen Sozialprodukts! Wer im Bankhaus Partner wird, ist damit Miteigentümer des Kapitals, ein Eigentumsanteil von nur 0,5 Prozent garantierte bei Goldman Sachs allein im Jahr 1994 eine Bonus- und Dividendenauszahlung von 2 Millionen Dollar.

Spitzeneinkommen erzielen vor allem die Stars der großen US-Investmenthäuser. So hat die Schweizerische Bankgesellschaft (SBG) Anfang März den Chef des weltweiten Devisen- und Swap-Handels von Merrill Lynch abgeworben. Der neue SBG-Handelschef soll ein Jahreseinkommen von rund 6 Millionen DM haben - bei US-Topleuten keine Ausnahme. Ein Trader mit geringer Berufserfahrung erhält als Grundgehalt schon 100000 DM im Jahr, im Laufe seines Händlerlebens kann er auf mehr als 300000 DM pro Jahr kommen, selbst wenn er nur ein

"Normaler" bleibt. Nach einer Studie der Londoner Beratungsgesellschaft AMS Management Systems verteilen die weltweit führenden Banken Zusatzzahlungen in der Regel nach dem persönlichen Handelsergebnis. Das Grundgehalt läßt sich auf diese Weise leicht verdrei- oder gar vervierfachen. Ein Toptrader und Milliardenzocker kann dadurch locker das Einkommen des Vorstandsvorsitzenden erreichen.

Erfolgreiche Händler gehen hierbei ziemlich hart zur Sache. Als die New Yorker Investmentgruppe CS First Boston CSFB vor rund zwei Jahren ihren Tradern einen niedrigeren Jahresbonus zahlte als vergleichbare Häuser, drohten einige Topleute mit der Kündigung. Die Experten zeigen aber Verständnis für diese Maximierungsstrategie, denn die meisten Trader arbeiten bis maximal 40 Jahre, dann sind sie ausgebrannt.

Die Händler werden dafür bezahlt, Marktbewegungen in der Mehrheit der Fälle richtig zu beurteilen. Wissen und Gefühl können es ermöglichen, daß die Gewinnposition länger läuft, die Verlustposition früher abgeschnitten wird. Wenn man auf eine 55/45-Wirkung am Ende des Tages oder Jahres kommt, dann ist dies schon ein respektables Ergebnis. Denn letzten Endes geht es nur um diese 5 Prozent Gewinn, wenn man von einem Durchschnitt von je 50 Prozent Gewinn und Verlust ausgeht.

Daß ein Händler zwischendurch verliert, ist normal. Er muß jedoch innerhalb des Limits bleiben. Das ist das A und O, und das ist beim Fall Barings nicht passiert.

Nick Leeson hat wohl außerhalb seiner Kompetenzen gehandelt, und es ist ihm zumindest für eine

Zeit hervorragend gelungen, dies der Geschäftsleitung zu verheimlichen.

Natürlich gibt es auch eine Kontrollinstanz. Die Händler werden von einem Spezialistenteam überprüft. Es finden tägliche Gewinn- und Verlustrechnungen, tägliche Positionsbewertungen und tägliche Kontrollen des Limits statt. Aber wer es darauf anlegt, der kann das System trotzdem "bescheißen".

Bei den Investmentbanken kann ein Senior-Dealer zum Beispiel ein Limit von 500000 Dollar haben. Wenn sein Verlust die halbe Million überschreitet, muß er zunächst aufhören und hoffen, daß der nächste Tag besser wird. Das passiert zwischendurch immer wieder. Im Devisengeschäft liegt der Mindesteinsatz pro Deal bei 5 Millionen DM, darunter fängt man gar nicht an.

Vom kleinen Unterschied, den Stellen hinter dem Komma, profitiert das Handelsergebnis der Banken und Broker. Etwas weiter gefaßt: Man schafft Profite für die Inhaber, also die Aktionäre, das ist der Sinn des Spiels.

Die jungen Dynamiker handeln unter hohem Zeitdruck und enormem Streß. Man muß versuchen (und deshalb ist auch ständige Wachsamkeit gefordert), alle Bewegungen aufzunehmen, die im eigenen Marktsegment stattfinden, und gleichzeitig dazu reagieren. Man muß schnell entscheiden, ob man reagieren soll oder ob es die Position nicht erfordert.

Die Branche umgibt ein Mythos. Die Lust, "Risiken zu nehmen" ist gerade bei den "Golden Boys" ziemlich ausgeprägt. Man hat einen Bildschirm vor sich und zwei Telefone (nicht mehr, weil man nur zwei Ohren hat) und verfolgt auf dem Schirm die

Info-Systeme von Reuters, oder man holt sich den Dow Jones und bekommt Angebote oder bietet selber an. Am Tag sind bis zu 200 Geschäfte möglich, und es sind jedesmal Millionen, die mittels Tastendruck am Computer umgesetzt werden. Manche Händler wollen eigentlich überhaupt nicht aussetzen, weil der Markt ja 24 Stunden in Bewegung ist, und mit der modernen Technik ist es ziemlich egal, ob man seine Geschäfte in London oder Singapur macht. Vielleicht wissen manche, daß Geld allein nicht glücklich macht, aber es löst eben einen gewissen Kick aus.

Der ständige Streß, der körperliche und der Streß der Verantwortung, und auch der ständige Lärm zerren an den Nerven. Im Laufe der Jahre wird man sich immer mehr bewußt, wie kritisch die Sache oft gewesen ist, auch im Erfolgsfalle, und man gewinnt Distanz dazu. Damit ist man für diesen Job "zu alt" geworden.

Der Ruin von Barings sei typisch für eine Gilde von Zockern, meinen die einen, denen das Geschäft mit der Zukunft, mit den Futures, schon immer suspekt schien. Ein Betrüger, der seine eigene Branche in Verruf bringe, kontert die Szene selber. So scheint der Glanz der Golden Boys etwas zu verblassen oder zumindest in Frage gestellt zu werden. Das ganze System erscheint mitunter gebrechlich.

Ältere Manager lassen - geblendet vom großen Geld - die Kontrolle über ihre risikofreudigen Händlergenies schleifen. Andererseits fordern die Aufsichtsorgane wie etwa Bernd Gerald Corrigen, New Yorker Ex-Landeszentralbankchef: "Wir brauchen mehr Grauhaarige". Die ältere Händlergeneration unterliege nicht mehr so sehr der Versuchung des großen Risikogeldes. Und schließlich sei der Instinkt eines 55jährigen Händlers wichtiger als alle mathematische Computereleganz eines 25jährigen Genies.

Es sei ein Fehler, daß Firmen großzügig in Händler- und Handelssysteme investierten und interne Kontrollen zum Teil als Kosten betrachteten, die so niedrig wie möglich zu halten seien. Die Kritiker behaupten, es sei so, als würde man ein schnelles Auto ohne Bremsen bauen.

Bei vielen Spekulanten sind bestimmte Persönlichkeitseigenschaften besonders ausgeprägt. Sie sind extrem leistungsorientiert und materialistisch eingestellt. Unterschätzt wird von den Psychologen jedoch die Tatsache, daß das Spiel an der Börse - sei es nun am Parkett selbst oder am Computer - einen enormen Spaß macht. Und außerdem hat es den unvergleichlichen Vorzug der Objektivität: Denn Zahlen lügen nicht.

Von diesem im Prinzip einfachen Erfolgsmuster fühlen sich nicht umsonst so viele angezogen. Es enthebt einen zum Beispiel langatmiger Diskussionen, die Abertausende von Angestellen mit ihren Chefs führen müssen. Der Erfolg beim Börsenspiel ist der direkteste Weg zur Unabhängigkeit.

Die Entscheidung, sein Leben an der Börse zu verbringen, fällt meistens instinktiv und nicht etwa a priori in der Absicht, so schnell wie möglich zu Geld zu kommen - obwohl der Gelderwerb natürlich die Triebfeder ist.

Im übrigen sei davor gewarnt, alle Akteure über einen Kamm zu scheren. Sicherlich gibt es inzwischen die nervösen Computerhändler, die vorwiegend auf Preis- und Kursdifferenzen zum Beispiel an den Termin- und Kassamärkten schauen. Diese Arbitrage hat aber im Prinzip mit Spekulation und Investment nichts zu tun, sie ist ganz einfach nur auf die Ausnutzung unterschiedlicher Preise bei Aktien, Aktienindices oder Währungen ausgelegt.

Die Positionen werden, soweit in dem hektischen Geschäft nicht ein Kontrahent plötzlich ausfällt, sofort glattgestellt.

Wiederum eine andere Art der Spekulation ist der Tageshandel auf Tendenz, in dem abends ebenfalls die Positionen glatt sein sollten, in dem man also keine Position in den nächsten Börsentag mit hinübernimmt.

Diese Art der Spekulation wird von Tagesinformationen beeinflußt. Sie laufen sozusagen durch den Filter oder das Raster der Händler und Akteure. Man ist sodann entweder fest oder schwach für die Tendenz gestimmt. Man kauft oder verkauft nach den aus Erfahrungen gewonnenen Gleichungen.

Wenn New York abends sehr schwach war, wird Frankfurt sich dem nicht entziehen. Man schaut auf die Zinsentwicklung - zeigt sie abwärts, so werden die Aktienkurse eher steigen. Verändert sich das Handelsbilanzdefizit der USA in einer von den Marktteilnehmern als akzeptabel eingeschätzten Größenordnung, so wird der Dollar zur DM steigen.

Der Tagesspekulant weiß hierbei, daß die kurzfristigen Reaktionen der Märkte nur kaum etwas mit den langfristig wirksamen ökonomischen Realitäten zu tun haben. Der erfolgreiche Zocker nutzt einfach die psychologischen Gesetze des Marktes für sich. Jeder Teilnehmer hat dabei eine andere Wahrnehmung und aus ihrer Umsetzung erfolgen Preisunterschiede. Deshalb gibt es auch Gewinner und Verlierer.

Die dritte Version des Spekulierens hat den langfristigen Trend im Sinn. Dies fällt dann aber schon unter die Begriffe "Vermögensverwaltung" und "Investieren".

Generell sei davor gewarnt, die Börsenakteure zu glorifizieren. Insbesondere ist bei den "Whizzkids" Vorsicht am Platze. Denn bislang hat der Großteil dieser Spezies noch nicht bewiesen, ob sie zum Beispiel auch in Baisse-Märkten Geld verdienen kann. Denn bisher haben sie sich in den "glorreichen" 80er und 90er Jahren praktisch nur als Mitläufer und schnelle Rechner hervorgetan. Ihre Feuerprobe steht erst noch bevor, wenn die Börsen einmal eine längere Baisse-Phase durchlaufen sollten.

Es gibt aber Börsenakteure mit einem ausgesprochen guten Gespür für die Entwicklung und einem guten Blick für die beteiligten anderen Personen. Sie signalisieren unter Umständen bessere Botschaften über eine mögliche Tendenz als die profundeste Analyse. Denn noch immer richten sich die meisten Marktteilnehmer nach dem Trend. Die Masse rennt den "Leittieren" nach - nach den Gesetzen der Massenpsychologie.

Am Gewinnen und Verlieren an den Börsen hat sich nichts geändert. Es findet nur auf einer etwas höheren technischen Ebene statt.

Börsen haben übrigens nicht viel mit den Zufälligkeiten eines Spielkasinos gemeinsam. Die Chancen an den Börsen sind um ein Vielfaches besser. Wer an der Börse einen Sinn für Realität hat, hat gute Aussichten, auf Dauer bei den Gewinnern zu sein. Man überläßt sich nicht einfach den Zufälligkeiten, sondern kalkuliert, was man tut.

Ein Teil der Spezialisten sitzt nicht an den Schirmen und wettet auf Dollar oder DM. Sie verwenden 80 Prozent ihrer Zeit darauf, mit der Kundschaft oder Produktvermarktern zu sprechen, also jenen, die Zinsänderungsrisiken nicht so professionell managen. Die Spezialisten sagen ihnen, was dies oder jenes kostet, wie man ein Risiko "aus dem Buch nehmen kann". Dabei geht es vor allem um die Darstellung von Angebots- und Nachfragesituationen, zum Beispiel Kreditwünschen der öffentlichen Hände oder etwa um den Wunsch von BMW, 10 Millionen Pfund Sterling zu wechseln. Die Bank nennt sodann einen Preis und sieht zu, daß sie den Gegenwert am Markt zu einem günstigen Kurs bekommt.

Im Zinsbereich arbeitet zum Beispiel Merryll Lynch bei einem Standardgeschäft in der Größenordnung zwischen 50 und 100 Millionen DM. Im Yen-Markt ist 1 Milliarde Dollar Handelsvolumen nicht ungewöhnlich. Aber der Blick auf den absoluten Betrag ist falsch. Entscheidend ist vielmehr, daß sich die Akteure das mit einer solchen Zahl verbundene Risiko vor Augen führen: Wieviel Geld verdient oder verliert man bei einer wahrscheinlichen typischen Bewegung im Markt?

Das Risiko von 50 Millionen DM in einem Fünf-Jahres-Swap beträgt zum Beispiel pro Basispunkt ungefähr 20000 DM. Das bedeutet, daß der Händler die Entwicklung der 20000-DM-Position anschaut und nicht den Nominalbetrag von 50 Millionen DM. Pro Basispunkt - das sind 0,1 Prozent - können 20000 DM gewonnen oder verloren werden. Wenn die Bank also eine bestimmte Verbindlichkeit eingeht, dann macht der Händler sich klar, wieviel Geld, wieviel Risiko in diesem Betrag enthalten ist.

Um einen Terminkontrakt zu handeln, reicht eine einfache Bankausbildung. Aber die risikogerechte Steuerung eines Derivat-Portfolios erfordert profundere Kenntnisse. Ein idealer Hintergrund ist zum Beispiel ein abgeschlossenes Ingenieurstudium, kombiniert mit einem finanzmathematischen Master of Business and Administration oder die Ausbildung zum Wirtschaftsinformatiker oder Physiker. Gefordert ist ein hohes analytisches Anforderungsprofil. Der geübte Umgang mit Computern gehört selbstverständlich dazu.

Glücksspiele: Zocken für jedermann

Immer unverhüllter frönt die Gesellschaft der Gier nach Geld. Auch die Wirtschaft dreht das große Glücksrad. Die Wettleidenschaft ist allgegenwärtig. Amerikaner verwetteten 1994 3 Milliarden Dollar beim Super Bowl, der US-Football-Meisterschaft. Als die San Francisco 49er die Chargers 49 regelrecht vorführten, waren 100 Millionen Fernsehzuschauer dabei.

Amerikas Wirtschaft schlägt aus dem mit Abstand größten Sportereignis des Jahres Kapital. Jeder drei Sekunden lange Werbespot kostete bei diesem Ereignis genau 1 Million Dollar. Ford, Pepsi Cola, Budweiser-Bier und der Jeanshersteller Levis Strauss hatten eigens originelle Spots nur für den Super Bowl gedreht.

In Europa ist der Gewinnspielmarkt zwölftgrößter Wirtschaftszweig. Haushaltseinnahmen aus der verpönten Spielleidenschaft sind dem Staat übrigens durchaus willkommen. Im Jahr 1993 hat der Deutsche Lotto- und Totoblock trotz Rezession ein neues Spitzenergebnis erzielt, die Spieleinsätze erhöhten sich um 16,3 Prozent auf 11,02 Milliarden DM.

Der Gesamtmarkt des legalen Spiels und der Wetten wird vom Statistischen Bundesamt in den erst für 1990 vorliegenden Zahlen mit 16 Milliarden DM angegeben.

Der Umsatz des rechtmäßigen Glücksspiels in der Europäischen Gemeinschaft unter amtlicher Kontrolle oder in staatlicher Eigenregie wird auf 50 Milliarden ECU - etwa 100 Milliarden DM - geschätzt. Und ähnlich wie beim Zocken an den Terminbörsen, wo ständig neue Produkte unter dem Namen "Finanzinnovation" die Märkte bereichern, nutzt der Staat alle Möglichkeiten, das Spielinteresse zu stimulieren, was im Amtsdeutsch "durch umsatzfördernde Maßnahmen alle Marktpotentiale umfassend ausschöpfen" heißt. Schließlich werden vom Spieleinsatz im Lotto ja nur 50 Prozent an die Spielteilnehmer ausgeschüttet.

In Großbritannien hat das Wetten eine lange Tradition. Zahlreiche staatlich konzessionierte Wettfirmen, darunter auch die börsennotierte Firma Ladbroke, machen Riesenumsätze mit allen möglichen Arten von Wetten, insbesondere auf sämtliche europäische Fußballigen und Pferderennen. Darüber hinaus läßt sich auch auf die Entwicklung des Dow

Jones oder des DAX-Indexes setzen, sowie auf das Verhalten von Dollar, Pfund und DM.

Der Drang, aus Geld im Handumdrehen mehr Geld zu machen, und zwar ohne den mühseligen Umweg über die Arbeit, hat sich inzwischen nicht nur bei den Milliardenzockern breitgemacht.

Die Kapitalökonomie mit ihren konstant wechselnden Aktien- und Währungskursen, Zinsraten, Umlaufrenditen und Indikatoren ist zu einem einzigen riesigen Roulette geworden.

So wie auf Rot oder Schwarz, Gerade oder Ungerade, können die Spieler ihre Wetten auf eine wachsende Vielfalt von Marktvorgängen plazieren. Daß der Dollar bis zum nächsten Termin steigt oder fällt ist eine Standardwette, ebenso wie die Frage, ob das Nordseeöl teurer oder billiger wird. Kein Wunder, daß ältere Herren, wie zum Beispiel Ex-Bankier von Bethmann oder Ex-Bundeskanzler Helmut Schmidt, den "Casinokapitalismus" und die "zunehmende Spielsucht" beklagen.

Der Traumdeuter Sigmund Freud meditierte angesichts der historischen Figur des Dukatenscheißers über die innigen Beziehungen des Geldes zum Dreck. Die Psychologen sehen einen Zusammenhang zwischen der Jagd nach Geld und dem kindlichen Bedürfnis zu herrschen. Im Grunde hängt es mit großer Unsicherheit zusammen, meint die Expertin Hannah Segal, und damit, nie, nie genug zu bekommen. Auch der Charakterzug, über andere herrschen zu wollen, fließe ein, und die Phantasien, daß man damit mehr Kontrolle über das Leben der anderen gewinnt.

Auch der Psychoanalytiker Erich Fromm fragte

nach dem Ursprung der Geldlust. Wenn die Existenzweise des Habens, wie Fromm formulierte, die Basis einer Gesellschaft ist, dann folgt daraus, daß es für den Erfolg und die allgemeine gesellschaftliche Anerkennung nichts Überzeugenderes gibt, als möglichst viel Geld zu erwerben und zu besitzen. Daß Menschen genau das versuchen, sei es durch nimmermüdes Lottospielen oder durch das Spiel mit Zahlenkolonnen am Bildschirm, ist demnach nicht besonders verwunderlich.

Jedenfalls gilt heute schon lange nicht mehr der Lehrsatz von Kant, der sagte, reich würde man nicht durch das, was man besäße, sondern durch das, was man mit Würde zu entbehren wüßte.

Donald Trump, der New Yorker Wolkenkratzerspekulant und Protagonist protzigen Reichtums, sieht das anders und ganz zeitgemäß: "Ich könnte nicht glücklich sein, wenn ich arm wäre, dazu bin ich einfach zu verwöhnt."

Das Glücksspiel an sich hat eine lange Tradition. In der Renaissance und im Frühkapitalismus wurde es in jenen Ländern organisiert betrieben, wo sich neue Wirtschaftsformen zuerst entwickelten, zum Beispiel in den Niederlanden und in Italien.

Niederländisch ist schon die Herkunft des Wortes "Lot", das Los, von dem im übrigen auch der Name des Spiels Lotto abstammt. Dessen eigentliche Entstehung geht angeblich auf den Genueser Ratsherren Benedetto Gentile zurück. Bei der Wahl der Senatoren waren aus 90 Kandidaten fünf Vertreter zu wählen. Die Namen der Kandidaten wurden durch Nummern ersetzt, und das Volk durfte Wetten auf die fünf Gewinner abschließen. Preise gab es für zwei bis fünf richtige Plazierungen. Dabei stellte sich bald heraus, daß im letzteren Fall, also bei einer Wette auf fünf Richtige die Gewinnchancen bei 1 : 43 949 263 lagen.

Die ersten Bezeichnungen dieses Spiels stammen aus dem Jahr 1519 - als "Giuoco del' lotto" oder "Lotto di Genova". So hatte das Lotto am Ende des 16. Jahrhunderts schon ganz Europa erobert. Es bot den Staatsoberhäuptern die Gelegenheit, zu Geld, zu barer Münze zu kommen. Schließlich bestand damals noch ein großer Teil der Leistungen, die der Bürger für den Staat erbringen mußte, in Naturalabgaben oder im persönlichen kriegerischen Einsatz für den König. In Belgien und Burgund sanierte der Staat die Armenhäuser durch Lotto- und Lotterieeinnahmen. London baute davon 1627 einen Aquädukt, James I. erlaubte der Virginia-Company, eine Lotterie durchzuführen, um in der Neuen Welt die nach ihm benannte Stadt Jamestown zu errichten. Schließlich erbaute der englische Staat mit Spielgeldern das British Museum, und Amerika errichtete so seine bedeutendsten Universitäten Yale und Harvard. Noch 1904 finanzierte Graf Zeppelin den Bau seines Fluggerätes mit einer sogenannten Luftschiffahrtslotterie.

Lotto und Lotterie galten den Staaten, die ihre wohltätigen Zwecke verfolgten, gleich viel. Das Volk beteiligte sich massenhaft an diesem brenzligen Vergnügen. Über Lotto amüsierte sich Goethe: "Wie glücklich würde sich der Affe schätzen, könnt' er sich auch ins Lotto setzen." Auch Goethe war übrigens von Spielleidenschaft nicht frei.

Der Zusammenhang dieses Ausfluges in die Welt

der Lotterie mit dem Spiel ums Geld an den Devisenmärkten liegt nahe: "Was könnte man nicht alles tun, welche ungeahnten Möglichkeiten stünden mir nach dem großen Gelderwerb zur Verfügung?" lautet die stumme Frage eines jeden Spielers. Vielleicht könnte man endlich derjenige sein, der man eigentlich sein möchte.

Vielleicht gibt es jenseits des banalen und durchrationalisierten Alltags jenes andere, das wir auch im Urlaub und in der Ferne, im Rausch, im Sport und im Sex immerfort suchen und trotz aller Ernüchterung zu suchen nie aufhören. "Es ist der Traum, endlich mächtig zu sein, einmalig und frei", meint der Soziologe Alexander Schuller von der Freien Universität Berlin.

Derivate: Das Dynamit der Finanzmärkte

Der Geist aus der Flasche

Seit der Barings-Pleite gelten manchem Warner die Derivate als Teufelszeug. "Die Baringitis ist eine gefährliche Krankheit. Der Erzeuger haust an schnellebigen Wertpapiermärkten, infiziert unvermutet und kann binnen weniger Tage einen an sich kerngesunden Bankpatienten dahinraffen", so schrieb die deutsche Börsenzeitung am 1. März 1995.

Natürlich taucht die Frage auf, ob auch eine deutsche Bank der Baringitis zum Opfer fallen könnte. Kategorisch mit "Nein" läßt sich die Frage nicht beantworten. Aber die deutschen Universalbanken operieren vergleichsweise vorsichtig. Jedoch verhalten sich die deutschen Universalbanken auch wie die hochriskanten Hedge-Funds (Absicherungsfonds), und das alles vor dem Hintergrund ihres Schutzes durch die Einlagenversicherung. Die jüngsten Erfahrungen verstärken das Mißtrauen gegenüber den mathematischen Wunderkindern in den Tradingräumen.

Ein großer Teil der in Industrie und Handelsunternehmen anfallenden Risiken läßt sich durch derivative Finanzinstrumente steuern. Sie werden beispielsweise zur Erwirtschaftung der liquiden Mittel oder zur Absicherung künftiger Geldströme eingesetzt. Neben der Steuerung von Finanzrisiken aus dem operativen Geschäft nehmen die Profitcenter von Konzernen meist auch Vermögensmanagementaufgaben wahr. Die Absicherung des Grundrisikos ist hierbei die eine Sache. Gefährlicher ist es aber, daß durch Derivate zusätzliche Risiken zur Renditesteigerung eingegangen werden. Da liegt die Gefahr. Daß ein unsachgemäß abgeschlossenes Derivategeschäft ein Industrieunternehmen ruinieren kann, wurde leider bereits mehrfach bewiesen.

Das Systemrisiko ist schwerer zu beurteilen: Niemand kann mit Bestimmtheit ausschließen, daß die Wirtschaft insgesamt durch solche Geschäfte instabil werden könnte. Die Anzeichen deuten auf zunehmende Labilität hin. Hätten die Banken zum Beispiel gewußt, welches Riesenrad sich bei der Metallgesellschaft in Amerika - der Verlust betrug schließlich über 1 Milliarde DM - mit Optionen und Futures drehte, so wäre ihr sicherlich früher schon der Kredithahn zugedreht worden. Natürlich stellt sich auch die Frage nach einer Kettenreaktion, die das gesamte Finanzgebäude und ganze Volkswirtschaften gefährdet, und ob mit den riesigen Volumina an getätigten Geschäften nicht eine Zeitbombe sich kumulierender Verluste tickt. Als gesicherte Erfahrung gilt inzwischen, daß die Finanzmärkte unter dem Einfluß der zunehmenden Verwendung dieser Instrumente phasenweise volatiler und anfälliger für kaum vorhersehbare Stimmungswechsel geworden sind.

Zwar ist der Ausfall eines einzigen Marktteilnehmers nicht gar so dramatisch. Das Finanzsystem kann dies verkraften. Kritisch würde es, wenn deshalb an den Finanzmärkten Panik ausbräche und in einer Art Dominoeffekt immer mehr "Steine" umfielen, bis das System in einem Crash zusammenbräche.

Nach einer Studie, die 30 führende Banken aus aller Welt im Dezember 1994 vorlegten, stellten nur 43 Prozent der befragten Kreditinstitute regelmäßig fest, wie sie im Handel mit Futures oder Optionen dastehen. Sie lassen sich also nicht in die Bücher gucken. Die Transparenz der Positionen läßt zu wünschen übrig. "Viele Konzerne wissen nicht, was sie tun", klagt Andrew Crockett, Generaldirektor der Bank für Internationalen Zahlungsausgleich. Crocket mißbilligt auch den Mißbrauch der Derivat-Idee. Neuerdings wollen die Zentralbanker und die BIZ gezielt Informationen sammeln, um die Volumina besser im Griff zu haben. Ein neues System zur Erfassung und Steuerung des Risikos in der Entwicklungsphase soll schon frühzeitig die Warnlampen aufblinken lassen.

Mit dem Feuer spielen

Nach der griechischen Sage soll Zeus zur Strafe für den Raub des Feuers der Menschheit ein Weib namens Pandora geschickt haben. Diese brachte ein Gefäß mit, das alle Übel dieser Welt enthielt, die prompt herausflogen. Seither ist die Büchse der Pandora ein Synonym für drohendes Unheil. Die Derivate werden gern in dieser Rolle gesehen.

Die Geschichte des Nick Leeson wirft ein Schlaglicht auf diesen weltweit boomenden Markt. Zwar sind die abgeleiteten Finanzmarktprodukte, die Derivate, keine neue Erfindung, aber zu einem Massengeschäft wurden sie erst Mitte der 70er Jahre, als die Terminbörsen in Chicago den Handel mit Finanzoptionen aufnahmen. Von dort aus traten sie ihren Siegeszug rund um die Welt an. Die Finanzbranche erfand immer neuere und immer subtilere Formen dieses Wettenspiels.

Heute ist dieser Markt nahezu unüberschaubar. Von der Spielmanie profitieren vor allem die Banker und Broker und mit ihnen die "Golden Boys". Immer mehr finanzielle Kunstprodukte werden auf den Markt geworfen. Die Statistiken sind äußerst mangelhaft und bei ihrem Erscheinen längst von der Entwicklung überholt. So erwartete die BIZ in Basel die Zahlen für 1994 erst Mitte 1995! Ein Grund dafür ist, daß die Derivat-Geschäfte in der Regel nicht in den Bilanzen der Banken auftauchen und die Berichtspflichten oft sehr lasch sind.

Der gigantische Markt lebt im Prinzip von zwei Gruppen: Die einen wollen jedes Risiko absichern, die anderen zielen auf maximalen Gewinn in kurzer Zeit. In steigendem Maße - so vermutet die Bundesbank - werden die neuen Instrumente an den internationalen Finanzmärkten nicht mehr als Versicherungen gegen unerwünschte Aktienkurs-, Zins- und Wechselkursrisiken genutzt, sondern um möglichst großen Profit aus den immer stärkeren Schwankungen an den Finanzmärkten zu schlagen.

Die Basis dafür bilden komplizierte mathematische Modelle und leistungsfähige Rechnerprogramme. Der Einsatz von Computern gehört zum selbstverständlichen Handwerkszeug moderner Händler. Mit Hilfe von Optionen, Terminkontrakten oder Swaps sichern zum Beispiel Fondsmanager ihre Portfolios ab oder versichern sich Unternehmen gegen überraschende Währungsveränderungen. Typischerweise schwanken Derivate viel stärker als die ihnen zugrundeliegenden Werte im Preis. Diese Hebeleffekte versprechen Rekordgewinne und verleiten zur Spekulation. Wenn solche spekulativen Wetten nicht aufgehen, können freilich Haus und Hof schnell verspielt sein.

Die Skeptiker betrachten den Handel als Kasinokapitalismus mit einem hohen Crash-Potential. Seit 1986 hat sich das Engagement der deutschen Banken in diesem Bereich fast verzehnfacht. 1995 überstieg das Volumen an diesen Märkten bei weitem die Bilanzsumme aller 3727 deutschen Kreditinstitute von insgesamt 6898 Milliarden Mark. Damit sind deutsche Institute im internationalen Vergleich noch zurückhaltend. Amerikanische Banken haben ein Vielfaches ihrer Bilanzsumme in Derivaten offenstehen. Bei einigen ausländischen Kreditinstituten machen die Finanzinnovationen bereits das Dreißigfache der Bilanzsumme aus, wobei freilich der Nominalbetrag eines derivativen Geschäfts nicht mit einem Kredit in derselben Höhe vergleichbar ist.

Ende 1993 erreichte das Volumen der weltweit ausstehenden Derivat-Kontrakte bereits astronomische 17,6 Billionen Dollar. Das Wachstum und das damit verbundene Risiko ist atemberaubend. Per März 1995 lauten die Schätzungen über das Volumen der offenen Kontrakte je nach Ansatz über 40 Billionen Dollar.

Allein die Derivate-Positionen der Schweizer Großbanken - Bankverein, Kreditanstalt und Bankgesellschaft - weisen in den Sparten Devisen, Zinsprodukte, Beteiligungspapiere sowie Derivate auf Edelmetalle und Rohstoffe gegenüber dem Vorjahr eine Steigerung von 43 Prozent aus.

Um Gewinne zu machen, müssen die Finanzjongleure immer exotischere Wege gehen. Den größten Anteil im Handel mit Derivaten haben die sogenannten Zins-Swaps, gefolgt von den Zins-Futures, Zins-Optionen, Währungs-Swaps, Aktienindex-Optionen, Währungs-Optionen, den Aktienindex-Futures und den Währungs-Futures. Kein Zweifel, Finanzinnovationen sind "in", wer sie nicht nutzt, gilt als rückständig. Die Werbetrommler des Derivat-Geschäfts vergleichen ihre Dienstleistungen gerne mit denen der Versicherungsindustrie und erwecken somit den Eindruck von Sicherheit. Inzwischen ist eine kaum noch zu überblickende Produktvielfalt entstanden, alle auf derselben Konstruktionsebene. Ganz einfache Derivate sind zum Beispiel Aktien-Optionen oder Optionen auf einen Aktienindex. Mit solchen hat auch Nick Leeson die Barings-Bank in den Ruin getrieben.

Die Grundformen aller Derivate sind Futures und Optionen. Meistens handelt es sich um standardisierte Produkte mit einer bestimmten Laufzeit und einem bestimmten Basispreis. Es gibt inzwischen aber auch maßgeschneiderte Produkte, die im Gegensatz zu den standardisierten am sogenannten OTC-Markt (Over the Counter/Freiverkehr) umgehen. Von findigen Finanzdesignern werden immer neue Kombinationen erfunden. Inzwischen gibt es Optionen auf Optionen auf Optionen, deren mögliche Wertentwicklung vielleicht noch einige Experten überblicken. Und es werden Termingeschäfte abgeschlossen, deren

Basis wiederum Futures sind und Optionen auf Swaps, sogenannte Swaptions.

Der Ausdruck "Derivat" wirkt manchmal etwas hochgestochen. Im Prinzip bezeichnet er die Abkömmlinge von anderen Finanzprodukten, etwa von Aktien, festverzinslichen Anleihen oder Währungen. Der Preis richtet sich nach der Kursentwicklung der Basisprodukte, aber er verändert sich eben um ein Vielfaches stärker.

So unterschiedlich die einzelnen Varianten derivativer Instrumente aussehen, gemeinsam haben sie den Hebeleffekt. Mit kleinem oder unter Umständen gar keinem Kapitaleinsatz läßt sich eine enorme Wirkung positiv wie negativ erzielen. Beispielsweise erzielte ein Anleger mit lediglich vier Bund-Future-Kontrakten in etwa das gleiche Risiko und die gleiche Kurschance wie bei einem Depot in zehnjährigen Bundesanleihen im Nominalwert von 1 Million DM. Veränderte sich Mitte 1994 der Kontraktpreis um einen Prozentpunkt, ergab sich ein Verlust oder ein Gewinn von 10000 DM. Die vier Future-Kontrakte erforderten zunächst einmal überhaupt keinen Kapitaleinsatz, außer einer Sicherheitsleistung von 16000 DM und 32000 DM bei Firmen- und Privatkunden. Abgerechnet wird am Schluß.

Die größten Derivate-Händler

Rang	Bank	ausstehende Futures-Kontrakte in Mio. $
1	Citicorp	227,100
2	Barclays	136,829
3	Société Générale	121,802

4	Canadian Imperial	111,512
5	Schweiz. Bankverein	107,100
6	Australia and New Zealand	91,009
7	Crédit Lyonnais	86,605
8	Banque Nationale de Paris	85,342
9	Crédit Commercial de France	68,573
10	Banco Central Hispanoamericano	59,086
11	Den Danske	57,560
12	Westpac	52,977
13	Royal Bank of Canada	52,640
14	Bank of Montreal	46,246
15	First Chicago	44,200
16	Nordbanken	42,508
17	Banque Indosuez	41,131
18	Union Européenne de CIC	35,866
19	Paribas	35,206
20	Creditanstalt	29,410
21	Caisse de Dépôts	22,638
22	Argentaria	22,578
23	Kredietbank	18,253
24	Bank of Nova Scotia	16,605
25	Svenska Handelsbanken	16,360
26	Commonwealth Bank	15,934
27	Banco Santander	15,104
28	Banque Bruxelles Lambert	14,957
29	Toronto Dominion	13,295
30	Banco Bilbao Vizcaya	12,612

Stand Ende 1993 (nur Banken, die ihre ausstehenden Futures-Kontrakte bekanntgeben)
Quelle: Société Générale

Jedoch erweckt der Begriff "Derivate" mancherorts auch eine falsche Vorstellung. Er klingt recht gut, vernebelt aber auch, daß es sich eigentlich nur um seit langem bekannte Instrumente handelt, die im Zeitalter der sich ausbreitenden Arbeitsplatzrechner

Konjunktur haben. So sind heute zum Beispiel früher kaum darstellbare Zinsauswirkungen auf Knopfdruck per Computer rechenbar geworden. Daraus resultiert zuletzt auch der zunehmende Bedarf nach risikomindernden, kostengünstigeren und flexibleren Instrumenten. Die Risiken am Kapitalmarkt lassen sich damit aber nicht zum Verschwinden bringen, es sei denn, die sichere - und wohl unmögliche - Zukunftsprognose würde erfunden.

Den Starspekulanten George Soros von der New Yorker Quantum-Gruppe beeindruckt das von den Derivate-Akteuren geltend gemachte Know-how wenig: Grundsätzlich könnten sie die Zukunft der Finanzmärkte nicht korrekt abschätzen, weil sie die Zukunft ja selber mitgestalteten. Soros berichtet, daß einmal zu viele Teilnehmer an dem Derivate-Roulette auf der falschen Seite mitgestalten und ihnen dann das Kasinodach auf den Kopf fällt. Diese Maschinerie war auch im Börsencrash 1987 am Werk. Seither gibt es an der Wall Street Beschränkungen für den Computerhandel.

Der Computerhandel versucht im wesentlichen, von den Differenzen zwischen Kassa- und Terminmärkten zu profitieren. Zeigt zum Beispiel der Standard & Poor's-Terminindex OEX einen deutlichen "Spread" gegenüber dem "normalen" Handel mit den in dem Aktienindex enthaltenen Titeln nach unten auf, so wird der Terminindex den Markt mit nach unten ziehen.

Wenn die Welt der Derivate von ihrer unverständlichen Kunstsprache befreit wird, wirkt sie auf den Außenstehenden nicht mehr gar so gefährlich und geheimnisvoll. Derivat-Geschäfte sind frei übersetzt

Terminabschlüsse, die heute eingegangen, aber erst in der Zukunft erfüllt werden.

An den Börsen lassen sich inzwischen viele Produkte in der Zukunft handeln. Aktien, Anleihen, Zinsen, Währungen, Metalle, Schweinebäuche, Kaffee, Sojabohnen, Pfeffer und Bauholz. Bewegen sich die Preise in die erhoffte Richtung, können die Gewinne sehr hoch sein. Ist das nicht der Fall, türmen sich die Verluste schnell zu Gebirgen. Die Barings-Krise hat deutlich gemacht, daß auch einfache Derivate, wie etwa Futures und Optionen, in den Händen eines einzelnen Spielers großen Schaden anrichten können.

Termingeschäfte stoßen gerade in der deutschen Öffentlichkeit auf große Vorbehalte, anders als in der angelsächsischen Welt. Da ist auch das historische Erbe nicht schuldlos. Zwischen der Bankenkrise 1931 und der Gründung der deutschen Terminbörse 1990 waren Terminkontrakte untersagt. Das seit 1972 erlaubte Aktienoptionsgeschäft führte ein vergleichsweise kümmerliches Dasein.

Für die Privatkundschaft taugen derivate Geschäfte nur bedingt. Für solche Engagements kommt nur eine kleine Klientel in Frage. Zudem ist das rechtliche Umfeld der Termingeschäfte in Deutschland für die Banken etwas kritisch geworden, der Kunde muß ausführlich und eingehend aufgeklärt werden. Er soll wissen, auf was er sich einläßt.

Ein derivatives Geschäft kann zum Beispiel abgeschlossen werden, wenn eine Fremdwährungsanleihe gegen Währungsverluste abgesichert werden soll. Das Risiko von Aktienanlagen kann man mit Calls oder Puts mindern. Gerhard Eberstadt, Mitglied des

Vorstands der Dresdner Bank, verglich die Derivate mit einer scharfen Rasierklinge, mit der man sich hervorragend rasieren, sich aber auch die Kehle durchschneiden kann.

Vergleichsweise neu ist das lawinenartige Anwachsen der Unfälle in diesem Segment. Eine von der Regierung unabhängige Recherche-Kommission des US-Kongresses hat Mitte 1994 festgestellt, daß es in den USA ernsthafte Probleme mit Derivaten gäbe. Die veröffentlichten Pleiten betrugen 1990 erst 2,48 Milliarden Dollar, 1993 waren es 5,93, aber 1994 schon 20,33 Milliarden Dollar - Tendenz steigend.

"Der Geist aus der Flasche", mit diesen Worten hat der Sparkassenpräsident Horst Köhler schon frühzeitig vor den Gefahren der neuen Finanzprodukte gewarnt. Zu den Skeptikern zählt auch der ehemalige Chef der Bank für Internationalen Zahlungsausgleich (BIZ) und jetzige Präsident des Europäischen Währungsinstituts (EWI) Alexandre Lamfalussy. Doch deren Stimmen kamen gegen den lautstarken Chor der Jubler nie durch, die unbeirrt Loblieder auf die Derivate singen.

Insbesondere wo Derivate zur Erwirtschaftung von Spekulationsgewinnen dienen, sollen Warnlampen aufleuchten. Ein ausgefallenes System zur laufenden Kontrolle aller Positionen sowie häufige Streßtests zur Feststellung der Risiken und der verschiedenen Marktszenarien seien unerläßlich.

Zu strenge Regeln würden das Geschäft aber zum Erliegen bringen oder in aufsichtsfreie Zonen treiben. Bei zu laschen Vorschriften besteht die permanente Gefahr eines Unfalls mit verheerenden Folgen für das international immer enger zusammenwachsende Finanzsystem. Bleibt nur der Appell an die Vernunft der Marktteilnehmer, um der Welt den derivativen Supergau zu ersparen. Bei den Banken läßt man den Dingen bisher noch ihren Lauf, solange die Händler üppige Gewinne damit einfahren.

Gewinn und Risiko

Daneben lohnt auch die Überlegung, ob nicht die Börsenaufsichtsorgane als Evidenzzentralen fungieren können, um das jeweilige Topmanagement zu informieren, wenn ein Händler ein zu großes Rad dreht. Ein solches Vorgehen wäre in der Praxis übrigens durchaus möglich. Nicht die Derivate sind das Problem, sondern der Umgang mit ihnen. Wo die Bruchstelle ist, zeigt sich immer erst hinterher. Der Umgang mit derivaten Instrumenten stellt hohe Anforderungen. Schon kleine Fehler in der Erfassung oder der Abwicklung der Transaktionen können viel Geld kosten. Als wichtigste Risiken eines Portfolios gelten der Wertverlust einer Position und das Kreditrisiko, also der Verlust durch den Konkurs einer Gegenpartei.

Prinzipiell erfüllen Derivate durchaus einen Sinn, zum Beispiel als nützliche Risikominimierer. So eingeschätzt entstehen keine neuen Gefahren - im Gegensatz zu überordnender Spekulation damit. Nur dann ziehen düstere Wolken über dem boomenden Markt auf. Wie hoch das Verlustrisiko bei diesen

Beständen ist, wissen aber höchstens die Betroffenen selbst. Mittels börsennotierter Termininstrumente lassen sich aber nicht grenzenlos Verluste anhäufen. Durch die Einschußleistungen für Optionen und Futures werden anfallende Verluste jederzeit ausgeglichen. Nur wenn die Finanzkraft eines Börsenteilnehmers erschöpft ist, platzen die Kontrakte, so wie bei Barings.

Unter Experten gilt es als unstrittig, daß durch Derivate wie Optionen, Terminkontrakte und Tauschgeschäfte wie Swaps keine neuen Risiken entstehen. Vielmehr werden bei Geschäften auf Termin die in den zugrundeliegenden Finanzgeschäften enthaltenen Risiken wie Zinsänderungen und Währungsschwankungen lediglich aufgespalten, umverteilt und separat gehandelt. Wenn einer bei diesen Dingen verliert, gewinnt im selben Moment der andere. Getreu dem alten Börsentrost für gescheiterte Spekulanten: Das Geld ist nicht weg, es hat nur ein anderer.

Selbst die Bundesbank erkennt in ihrem Monatsbericht vom November 1994 die positiven volkswirtschaftlichen Effekte der zunehmenden Verwendung der Finanzinnovationen. Sie tragen unstrittig zur Steigerung der gesamtwirtschaftlichen Risikoallokation bei. Statt der Beschneidung der Geschäfte wäre vielmehr eine verstärkte Aufklärung innerhalb der Wirtschaft, eine höhere Transparenz bei den Marktteilnehmern und eine gesteigerte Sensibilität der Aufsichtsbehörden angebracht. Barings lieferte praktisch die Drehbuchvorlage, wie eine Bank, die den Grundsatz jeder internen Kontrolle gröblich verletzt, durch den Ausbruch eines einzelnen Händlers im Terminmarkt Harakiri begehen kann. Kriminelles Verhalten kann man indessen nicht ausschließen, so der Deutsche-Bank-Vorstand Jürgen Krumnow. Das Barings-Debakel weckte in Deutschland Erinnerungen an die mißglückten Dollarspekulationen des Devisenhändlers Danny Dattel, der 1972 die Herstatt-Bank in Köln mit 1,2 Milliarden DM Miesen in den Ruin getrieben hat. Für deutsche Verhältnisse ist Dattel gewissermaßen der beispielhafte Vorläufer neuzeitlicher Finanzflops.

Im Prinzip schützt die globale und zugleich zentrale Organisation des Risikomanagements die großen Banken. Täglich werden die Derivat-Positionen computergestützt bewertet und verschiedene Simulationen entworfen.

Während ein Händler ein Produkt lediglich kauft oder verkauft, zerlegt ein Risikomanager die Produkte in einzelne Risikofaktoren und faßt sie zusammen. Keineswegs werden dabei alle Handelspositionen einfach addiert, denn in der Regel läßt sich nur ein Teil der Bestände und Verpflichtungen in verschiedenen Produkten oder Währungen gegeneinander aufrechnen. Die dem Handel nachgeordneten Stabsabteilungen erfassen mindestens einmal täglich alle bekannten Marktrisiken und berichten an den Vorstand.

Das Management einer Bank muß nicht das Formelwerk der Ingenieure in allen Details durchdringen. Der Vergleich mit einem Automobilproduzenten liegt nahe, wo der Manager auch nicht die Funktionsweise des Antiblockiersystems in allen Einzelheiten erklären können muß. Wichtig ist, daß es funktioniert.

Über den internationalen Derivat-Handel gibt es insgesamt noch zu wenig Informationen. Die New York Federal Reserve, die unter anderem wegen ihrer Aufsichtsbefugnis über die größten Finanzinstitute wichtigste Landeszentralbank im US-Notenbanksystem, verhandelte mit führenden Geschäfts- und Investmentbanken über einen Verhaltenskodex bei Geschäften mit neuartigen Finanzinstrumenten. Danach müssen Institute künftig sicherstellen, daß die Käufer von Derivaten die Risiken voll verstehen und laufend über Wertveränderungen in ihren Positionen unterrichtet werden. Die deutschen Banken erklären, daß sie sowohl die Limit- als auch die Risikostrategien in Absprache mit der Geschäftsleitung erstellen und unabhängig von den Händlern kontrollieren.

Schließlich gibt es regelmäßige Überwachungsmechanismen, die dazu dienen, das Engagement mit den anderen Marktteilnehmern zu begrenzen. Der Mangel: Die Geschäftsleitung der involvierten Adressen legen zwar regelmäßig fest, wer mit welchen Mitteln in welchem Umfang zu agieren berechtigt ist, doch folgen dazu nur sehr sporadisch auch Mitteilungen an die übrigen Marktteilnehmer. Eine regelmäßige Überprüfung, ob die Teilnehmer überhaupt ausreichend für den Abschluß bestimmter Geschäfte autorisiert sind, erfolgt normalerweise nicht. Letztlich besteht eben kein Schutz gegen Kompetenzmißbrauch.

Neben der bankinternen Kontrolle sollte das Bundesaufsichtsamt für Bankwesen und das gleiche Amt für das Versicherungswesen in kurzfristigen Abständen die gesamten Risiken eines Kreditinstituts,

Bonitäts-, Aktienkurs-, Zinsänderungs- und Wechselkursrisiken anhand von speziellen Modellen überprüfen und in ein Grundsatzsystem in Beziehung zum haftenden Eigenkapital setzen. Das ist indessen noch Zukunftsmusik. Denn wenige Unternehmen verfügen über effiziente interne Kontrollsysteme, welche den eingegangenen Finanzrisiken genügend Rechnung tragen. Die oberste Führungsebene ist sich oftmals über Art und Umfang der Einlassung nicht im klaren. Häufig sind Handel und Abwicklung in einer Hand, so daß der Täter sich praktisch selbst kontrolliert. Das kann nicht gutgehen.

Reiche Kundschaft

Wenn all diese Spekulationen so riskant sind, wer sind dann die Kunden, die den Milliardenzockern ihr Geld anvertrauen?

Die Kunden der Derivate-Zunft sind Großanleger wie Versicherungen und Pensionskassen, aber auch Industriekonzerne wie der Chemiegigant Bayer AG. Bei dem Chemieriesen in Leverkusen werden die Instrumente intensiv genutzt. Allerdings nicht zu Spekulationszwecken. Das operative Geschäft bringt naturgemäß Währungsrisiken mit sich. Bei Bayer erreichen die Fremdwährungen ein Milliardenvolumen. Diese Außenstände müssen abgesichert sein, wenn der Konzern keine Überraschungen erleben möchte. Bayer machte 1993 Derivate-Geschäfte in Höhe von 4,6 Milliarden DM. Das Volumen für Zins-Derivate betrug allein 1,6 Milliarden DM.

Die Kundschaft erhält von den Konstrukteuren der Banken und Broker die verschiedensten Vorschläge. Es geht häufig darum, den besten Preis, den schnellsten Service und die originellste Derivate-Idee zu bieten.

Das typische Volumen einer Transaktion hat eine Größenordnung von 10 bis 100 Millionen DM. Kredite kosten durch den Einsatz von Zins-Swaps weniger. Der erste Swap wurde 1981 abgeschlossen. Im April 1995 betrug die Summe der offenen Swaps nahezu 10000 Milliarden Dollar.

Swaps sind Finanztermingeschäfte, bei denen zwei Parteien vereinbaren, Zahlungsströme während einer bestimmten Zeit nach im voraus abgemachten Regeln auszutauschen (englisch: to swap). Die Höhe dieser Zahlungsströme wird auf einen abgemachten Kapitalbetrag bezogen. Die wichtigsten Grundtypen sind der Währungs-Swap, bei ihm können Wechselkursrisiken abgesichert werden, und der Zins-Swap, der Zinsrisiken abdeckt.

Auch der Bund und die Länder bedienen sich beim Abschluß ihrer umfangreichen Kreditgeschäfte im Rahmen der Schuldenfinanzierung der Derivate. Im wesentlichen geschieht dies durch spezielle Konstruktionen von Schuldscheindarlehen. So werden zum Beispiel Caps und Collars sowie andere Produkte in die Absprachen eingebaut. Sie sind damit Bestandteil des Darlehens. Unter einem Cap versteht man die vertragliche Vereinbarung einer Zinsobergrenze. Das Gegenstück ist der Floor, also die Zinsuntergrenze. Und die Kombination beider Instrumente bei gleichzeitigem Kauf eines Caps und dem Verkauf eines Floors wird als Collar bezeichnet.

Der Bund ist ständig am Kapitalmarkt präsent. So kann er zeitnah entscheiden, ob zum Beispiel ein Festzinskredit günstiger ist oder ein variabel verzinslicher (Floater). Aber die einschlägigen Aktivitäten haben den Bundesrechnungshof auf den Plan gerufen. Dessen Präsident, Horst Erb, zeigte sich über den Derivate-Einsatz "überrascht". Und Dieter Lau, Vorstandsmitglied des Deutschen Steuerzahlerbundes, forderte einen sorgsamen Umgang mit den Steuergeldern: "Bonn ist wohl doch nicht so unschuldig wie vermutet."

Jedoch sind Bund und Länder nicht Zocker im Stile des kalifornischen Landkreises Orange County, der mit Derivaten Milliarden in den Sand setzte. Bund und Länder versichern, daß sie streng haushaltsrechtlich und im Konnex mit konkreten Kreditbeschaffungen vorgehen und nur, um die Zinskosten zu minimieren oder abzusichern.

Den Verdacht der Spekulation oder gar des Zockens weist das Bundesfinanzministerium weit von sich. Es nimmt keine Kredite in fremder Währung auf. Die Zinslasten und Geldaufnahmen werden nur "nachbehandelt".

Bei den Ländern geschieht dies zum Beispiel in Form von Zins-Swaps, wo je nach Marktlage Festzinsen und variable Zinsen gegeneinander ausgetauscht werden.

Durch solche Vereinbarungen sind spürbare Verbilligungen zu erzielen.

Das Land Schleswig-Holstein kommt seit 1992 auf Einsparungen von 15 Millionen DM. Baden-Württemberg und Hessen setzen seit 1993 ebenfalls Zins-Swaps ein. Nordrhein-Westfalen hat mittels derivativer Produkte den Anteil der Zinskosten an den Ausgaben um 0,5 Prozentpunkte gesenkt. Das neue Bundesland Sachsen-Anhalt - fix beim Rechnen - ebenfalls. Und Hella Hesse, Leiterin des Referats Kasse, Liquidität und Kreditaufnahme im Finanzministerium von Brandenburg, gibt sich überzeugt: "Durch den Einsatz von Derivaten können wir uns oft um mehrere Zehntel Prozentpunkte günstiger verschulden." Konservativer macht es Bayern, das bei Darlehen Gläubiger-, Kündigungs- oder Wandlungsrechte einsetzt.

Das Problem ist nur: In der Öffentlichkeit haben die Derivate einen schlechten Ruf. Und die Mehrheit der Kommunalpolitiker möchte mit den Finanzjongleuren nichts zu tun haben. Zwar kontrollieren die Haushaltsausschüsse der Landtage den Einkauf der Derivate, aber Fachleute sitzen dort natürlich nicht.

Bei den Landesrechnungshöfen ist die Möglichkeit zur Überprüfung noch ziemlich gering. 1994 haben die deutschen Bundesländer laut ihren Planzahlen netto 52,9 Milliarden DM aufgenommen. Das war fast ein Drittel mehr als im Vorjahr. Kein Wunder, daß sich die Finanzminister der einzelnen Länder Gedanken machen, wie sie wenigstens die Zinskosten ein bißchen drücken können. Das Bundesfinanzministerium ließ das eigene Kredit- und Schuldenmanagement 1995 durch eine Unternehmensberatung überprüfen.

Daß es die Milliardenzocker an die Töpfe der öffentlichen Gelder drängt, ist kein Wunder. Gut im Geschäft sind die amerikanischen Banken. Das saarländische Finanzministerium arbeitet zum Beispiel mit Bankers Trust, Goldman Sachs und J. P. Morgan zusammen.

Die Banken treten seit rund einem Jahr verstärkt an die öffentliche Hand heran. Kein Wunder, denn dort dreht es sich um riesige Beträge und somit um riesige Geschäftsmöglichkeiten. Auch die großen deutschen Kreditinstitute und die Landesbanken betreuen die Finanzministerien zunehmend als Manager, nicht nur bei der Darlehensbeschaffung, sondern auch bei der Nachbehandlung von Zinskosten. Die erste öffentliche Pleite läßt indessen noch auf sich warten.

Das Gold lockt

Der Superspekulant Sir James Goldsmith verkaufte 1993/94 für umgerechnet 650 Millionen DM 10 Prozent der Newmont Mining, eines der weltgrößten Unternehmen, an den nicht minder begabten Großspekulanten George Soros. Das brachte das Geschäft mit den Edelmetall-Derivaten wieder gewaltig auf Trab.

Sir James Goldsmith steckte einen Teil des Erlöses in Goldoptionen an der Londoner und an der New Yorker Börse. Tausende von Mitläufern zogen nach.

Gewichtigste Akteure am Goldterminmarkt sind indessen die Notenbanken, die mit dem "aktiven" Einsatz ihrer Goldreserven dazuverdienen, und zwar in Form der "Goldleihen" oder bei Termin- und Swap-Geschäften.

Der World Gold Council schätzt, daß bis Mitte 1993 das Volumen ausgelieferten Goldes auf 2000 Tonnen geklettert ist, fast soviel wie die Goldminen der Welt in einem Jahr produzieren. Der Council meint, jedesmal, wenn der Markt für derivative Goldprodukte wieder höhere Renditen erzielen könnte, kämen neue Marktteilnehmer dazu. Etwa drei Viertel der Ausleihung entfallen auf 45 bis 50 Notenbanken und internationale Finanzinstitute. Allein europäische Notenbanken steuerten etwa 600 Tonnen Gold bei.

Für die Banken lohnt sich der Einsatz des Goldes an den derivativen Märkten, der Gewinn beläuft sich nach Schätzungen jedes Jahr auf 100 bis 140 Millionen Dollar.

Auch am Goldmarkt ist London die wichtigste Adresse für den Goldverleih und derivative Goldtransaktionen geworden. Die Geschäfte werden auf Loco-London-Basis abgewickelt, bei der das zur Sicherheit eingesetzte physische Gold bei Fälligkeit in London geliefert werden muß. Der Markt wächst rasant mit dem internationalen Verleihgeschäft. Die Notenbanken verfügen international über 35000 Tonnen Goldreserven.

Nur sechs der 15 größten Notenbanken der Welt beteiligen sich an diesem Geschäft noch nicht, und auch in Europa öffnen sich manche Notenbanken erst langsam dem lukrativen Einsatz ihrer Bestände. Wahrscheinlich werden die Notenbanken ihr Verleihgeschäft ausweiten.

1985 sicherten Goldminen-Unternehmen weniger als 200 Tonnen ihrer Produktion über Termingeschäfte ab. 1993 waren dies schon 1200 Tonnen, rund 60 Prozent des ausgeliehenen Volumens sind an Absicherungsgeschäfte der Minen gekoppelt. Mißtrauen ins Geld bringt Vertrauen ins Gold, sagt ein altes Börsenbonmot. Demnach war das Vertrauen in die Geldanlage in den letzten 15 Jahren geradezu phantastisch gut. Das letzte Goldfieber datiert aus dem Jahre 1980, als die Unze bis auf 850 Dollar kletterte, übrigens infolge der weltweit hohen Inflationsraten, in den USA damals zum Beispiel 14 Prozent. Anfang 1995 kostete die Feinunze nur 390 Dollar. Aber die Experten setzen wieder auf Goldanlagen.

Die Milliardenpleiten

US-Notenbank-Chef Alan Greenspan erklärte: "Vor 25 Jahren hätte keine Firma so schnell Auftragsslips schreiben können, um so viel Geld zu verlieren, wie es einem einzigen Händler bei Barings gelang."

Da muß der US-Banker tatsächlich umdenken, denn inzwischen gibt es mit Derivaten dutzendweise Millionen- und Milliardenschäden. Unter den Opfern befinden sich nicht nur erstklassige Bankadressen wie Barings, sondern auch renommierte Industrieunternehmen sowie US-Bundesstaaten, daneben Gebietskörperschaften und Studentencolleges. Ein vom US-Bundesstaat Wisconsin verwalteter Anlagefonds hat bei der Spekulation 95 Millionen Dollar, rund 133 Millionen DM, in den Sand gesetzt. Die Geschäfte waren nicht genehmigt, der Fondsverwalter wurde (ein später Trost) fristlos entlassen.

Im Dezember 1994 erschütterte der Vergleichsantrag des kalifornischen Landkreises Orange County nahe Los Angeles den US-Rentenmarkt. Orange County manifestierte sich zu einer neuen Variante des alten Phänomens eines leichtfertigen und fatalen Umgangs mit fremden Mitteln. Der Anlagefonds ließ mehr als 7,8 Milliarden Dollar öffentlicher Gelder, darunter auch von Wasserversorgungsverbänden und Pensionskassen extensiv beleihen. Mit Hilfe der Kredite wurde der Fonds auf knapp 20 Milliarden Dollar aufgebläht und von seinem Treasurer in riskante Finanz-Derivate geführt. Die eigentliche Schadensursache war, daß Schatzmeister Robert Citron und seine Berater einseitig in eine bestimmte Richtung der künftigen Zinsentwicklung spekuliert hatten und dabei dem klassischen Fehler aufsaßen, langfristige Anlagen mit kurzfristigen Krediten zu finanzieren. Solange die US-Zinsen fielen, brachte dies hohe Gewinne und damit Mittel für Projekte, die sonst mit Steuererhöhungen hätten finanziert werden müssen. Als die Zinsen aber nachhaltig zu klettern begannen, überstiegen die Kreditzinsen die erzielbaren Erträge. Die Gebietskörperschaft hat inzwischen nach den US-Pleiteparagraphen Schutz vor ihren Gläubigern in Anspruch genommen. Der Schaden: 1,5 Milliarden Dollar. Der verantwortliche Schatzmeister trat zurück, und die Experten stellten sich die Frage, ob dies wieder ein Fall sei, wo Wall-Street-Firmen bewußt den Kunden das Gewinnpotential dieser komplexen Instrumente besser dargestellt hatten als das Verlustrisiko.

Der Flop bewegte die Märkte. Der Versuch, rund 10 Milliarden Dollar an Wertpapieren loszuschlagen, die Orange County als Sicherheiten hinterlegt hatte, drückte allgemein auf die Kurse an den Obligationenmärkten. Nicht wie sonst wurden die Rückgänge mit der Sorge über die zukünftige US-Zentralbankpolitik in Zusammenhang gebracht, sondern mit der Bonität von Schuldnern wie Orange County.

Zwar gehört es zur Routine von öffentlichen Kassenwarten, daß sie Einnahmen ertragbringend anlegen. Von vielen wird indessen die bange Frage gestellt, ob es unter den rund 80000 Gemeinden, Regierungsstellen, öffentlichen Körperschaften, die Milliarden aus Steuergeldern investieren, noch andere Derivate-Cowboys gibt. Eine Umfrage des Wall Street Journals ergab, daß nahezu alle Schatzmeister von den Derivate-Brokern belagert werden, die ihnen ihre Produkte verkaufen wollen.

Auch deutsche Banken blieben von Fehlspekulationen nicht verschont. Ein Händler der Deutschen-Bank-Filiale in Paris baute einen Verlust von rund 22 Millionen durch unzulässige Überschreitung des Limits im Geschäft mit Zins-Derivaten. Er eröffnete Anfang März 1995 eine Long-Position in Pibor-Pariser Interbankensatz. Diese Strategie wäre richtig gewesen, wenn die Zinsen gesunken wären. Tatsächlich hat die Bank von Frankreich jedoch ihre kurzfristigen Sätze erhöht. "Ich glaube nicht, daß der Händler zurückkommt", sagte Deutsche-Bank-Vorstand Rolf-E. Breuer. Die Deutsche Bank betont aber, die Kontrolle in Paris habe funktioniert.

Derivate können für Banken vor allem dann gefährlich werden, wenn sie ihre Kunden nicht genügend darüber aufklären: Die amerikanische Großbank Bankers Trust in New York hat sich 1994 mehr oder weniger freiwillig dazu bereit erklärt, eine Geldbuße von 10 Millionen Dollar an die Börsenaufsichtsbehörden SEC und CFTC zu zahlen. Bankers Trust legte mit diesem Abkommen einen Streit bei, bei dem es um die Frage ging, ob die Bank ihren Kunden Gibson Greetings absichtlich über Verluste aus Derivat-Geschäften im unklaren gelassen hat. Gibson ist ein mittelgroßer Produzent von Postkarten und hatte Bankers Trust verklagt, nachdem durch Swap-Geschäfte Verluste von 23 Millionen Dollar entstanden waren.

Viele Fachleute sehen in der Einigung eine grundsätzliche Bedeutung, denn einige der in Frage stehenden Swaps wurden als Wertpapiere definiert. Die amerikanische Börsenaufsichtsbehörde SEC legt Emittenten und Händlern von Wertpapieren aber vergleichsweise strengere Informationspflichten auf als den Terminhändlern.

Der britische Pharmakonzern Glaxo erklärte im November 1994 auf seiner Hauptversammlung, Derivat-Geschäfte eingegangen zu sein, ohne zu wissen, was das bedeutete. Glaxo kündigte Rückstellungen von 130 Millionen Pfund Sterling an - rund 300 Millionen DM.

Den amerikanischen Waschmittelkonzern Procter & Gamble verklagte das Geldinstitut Bankers Trust auf Schadensersatz. Die als Profitcenter organisierte Finanzabteilung des Unternehmens wollte auf eine fünfjährige Schuld von 200 Millionen Dollar die Zinsen möglichst tief drücken. Man einigte sich auf eine höchst komplizierte und inzwischen auch umstrittene

Formel, die im wesentlichen darauf hinauslief, daß Procter & Gamble in den ersten sechs Monaten 0,75 Prozentpunkte unter dem marktüblichen Zinssatz zu bezahlende Raten habe sollte. In den restlichen viereinhalb Jahren sollte dieser Vorzugszins nur gelten, falls die Marktzinsen am Stichtag in einer definierten Bandbreite bleiben würden.

Dies bedeutete im Klartext, daß der Waschmittelhersteller zum Versicherer wurde und gegen eine Prämie in Form einer Zinsverbilligung von maximal 7,5 Millionen Dollar das Risiko von Zinsschwankungen übernahm. Als das von Bankers Trust als höchst unwahrscheinlich geschilderte Schadensereignis eintrat, mußte Procter & Gamble 157 Millionen Dollar bezahlen.

Der amerikanische Computerhersteller Dell erlitt hohe Verluste mit derivativen Devisen- und Zinsgeschäften. Dell schwört seither allen Finanzinnovationen ab und betreibt nur noch eine konventionelle Sicherungsstrategie im Devisenterminhandel.

Die Chile Copper Corporation, größter Kupferhersteller der Welt, erschütterte den Finanzmarkt mit Verlusten von umgerechnet 260 Millionen DM. Ein Händler gestand, sich schon früh verspekuliert zu haben. Mit immer neuen Geschäften hatte er dann versucht, die anfänglichen Verluste auszugleichen.

Die Profitcenter einiger Unternehmen erwiesen sich als Faß ohne Boden. Die amerikanische MG-Corporation, eine Tochter der deutschen Metallgesellschaft, setzte zur Absicherung langfristiger Lieferverbindlichkeiten mit Preisgarantie im Ölgeschäft kurzfristige Futures ein. Die Firma wollte sich gegen einen Anstieg des Ölpreises absichern, um verlustträchtige Eindeckungen in ferner Zukunft zu vermeiden.

Der Ölpreis sank in der Folge beträchtlich. An sich wäre die Absicherung überflüssig gewesen, weil die Marktentwicklung im Sinne der Metallgesellschaft lief. Die Strategie erwies sich als eigentliches Risiko. Auf die gekauften Futures wurden sogenannte Margin-Calls - Nachschußzahlungen - fällig. Die Bewertungsverluste erreichten die Milliardenhöhe und trieben den gesamten Konzern an den Rand der Illiquidität.

Ein Unternehmen kann mit Derivaten sehr wohl zugrunde gerichtet werden. Nur durch den Verkauf von Beteiligungen und durch die Unterstützung der Banken konnte wesentlich Schlimmeres verhindert werden. Namhafte Ökonomen machten der Metallgesellschaft überdies zum Vorwurf, bei der Auflösung der offenen Positionen ihrer US-Tochter stümperhaft vorgegangen zu sein und sich wohl eindeutig für die schlechteste der vorgesehenen Möglichkeiten entschieden zu haben.

Eine Schlüsselrolle in dem Debakel spielte seinerzeit Chef-Ölhändler Arthur Benson, der längst gefeuert wurde, aber den Konzern sowie die Deutsche Bank wegen Verleumdung verklagte. Arthur Benson war am Abschluß der Abnahmeverträge zwischen der Metallgesellschaft und der US-Raffineriegruppe Castle Energy maßgeblich beteiligt gewesen.

Von Benson wurde gesagt, daß er ein Merchoholic, also ein dem Markt verfallener Zocker, sei und an nichts anderes mehr denken könne. "Herr Benson badet nicht, er redet weder mit seinen Freunden noch mit seiner Familie." Dies sagte sein Rechtsbeistand in einem Gerichtsverfahren aus, das Mitte der 80er Jahre in den USA anhängig war und das für Benson mit einer Verurteilung endete. Der Jurist fügte hinzu, jeden Augenblick nutze er dazu, um auf den Computerbildschirm zu starren, der mit der New Yorker Warenterminbörse verbunden war. "Er wird vom Markt aufgezehrt." - Ein Schicksal, das vielen der "Golden Boys" drohen kann.

Im August 1994 entließ der US-Broker Kidder, Peabody, einen seiner Star-Broker. Dieser hatte im Derivat-Geschäft Verluste von 85 Millionen Dollar eingefahren, aufgrund lascher Kontrollmechanismen aber einen Gewinn von 350 Millionen Dollar ausgewiesen.

Im Jahr 1993 entstand bei der Schweizerischen Rentenanstalt ein Wertberichtigungsbedarf in Höhe von 128 Millionen Franken. Die Rentenanstalt hatte sich ausgerechnet in einer Zeit mit Zinsen verspekuliert, in der sich alle übrigen Schweizer Finanzinstitute mit Optionen und Futures eine goldene Nase verdienten.

Die New Yorker Investmentbank Pain Webber kostete die Sanierung ihres Obligationenfonds bislang 270 Millionen Dollar. Der Schaden entstand mit komplizierten Derivaten, die in Zeiten fallender Zinsen aus simplen Eigenheimhypotheken zusammengebastelt wurden - sogenannte Mortgage-Backed-Securities-Produkte. Prompt wurde Pain Webber von den US-Leitzinserhöhungen auf dem falschen Fuß erwischt.

Zu den Opfern dieses 1500 Milliarden Dollar schweren Mortgage-Marktes gehören auch Glaxo mit 100 Millionen Pfund Verlust und die US-Tochter der Bank of Montreal mit 51 Millionen Dollar Miesen. Dutzende von US-Colleges zahlten beachtliche Beträge drauf. In 75 Prozent der US-Unternehmen versuchen Finanzmanager, die Zukunftsrisiken per Derivate abzusichern - neudeutsch: zu "hedgen".

In Deutschland fiel der Sportbodenhersteller Balsam mit Devisenoptionen im Kontraktwert von 66 Milliarden DM auf die Nase. 50 Banken mußten einen Großteil der Kredite in Höhe von 2 Milliarden DM abschreiben.

Auch deutsche Versicherungen haben sich mit riskanten Termingeschäften Millionenverluste eingehandelt, darunter die Gothaer Versicherung in Göttingen mit über 100 Millionen DM.

Die Zeche für die danebengreifenden Milliardenzocker bezahlen am Ende die Kunden. Die Aufsichtsbehörde schaut hilflos zu. Immerhin zocken die Lebensversicherungen dabei mit Geldern, die sie nur treuhänderisch verwalten. Die Kölner Colonia machte 100 Millionen DM Miese mit Termingeschäften, auch der Deutsche Herold, die Hannoversche Rückversicherungs AG und die Nürnberger Versicherungs AG sind ins Gerede gekommen.

Natürlich sind die riesigen Kapitalsummen der Versicherungskonzerne für die Hedger ein willkommenes Fressen, die Kapitalanlagen der Lebensversicherer betrugen 1994 immerhin 630 Milliarden DM. Gerüchte über angebliche Schieflagen halten sich hartnäckig. Die Versicherer erklären indessen, Derivate seien keine Gefahr.

In der Schweiz verspekulierte der Treuhänder der Pensionskasse des Elektrokonzerns Lundys & Gyr, aus dem Kanton Zug nach Berechnungen des Züricher Wirtschaftsmagazins Bilanz rund 410 Millionen Schweizer Franken. Der Grund: Auch hier drehten die Verantwortlichen ein großes Rad mit Derivaten, vor allem mit Aktienoptionen und Zins-Swaps. Die Zeche zahlt mit großer Wahrscheinlichkeit am Ende die Pensionskasse des Elektronikkonzerns.

Der verlustreiche Spieltrieb der "Golden Boys" kennt viele Beispiele. Der Vorläufer mit der breitesten Spur war der bereits erwähnte Danny Dattel von der Herstatt-Bank mit 1,2 Milliarden DM im Minus. 1990 wurden der Devisenmakler Hans-Joachim Schmidt sowie die früheren VW-Devisenhändler Burkhardt Jünger und Lutz Quaquiel, Hans-Jürgen Bunk und Heinz-Günther Schwarz zu langjährigen Haftstrafen verurteilt. Schmidt hatte damals von der ungarischen Nationalbank 308 Millionen Dollar zu einem Kurs von 3,10 bis 3,14 DM gekauft. Die Prolongation dieser Geschäfte wurde mit Hilfe Jüngers und seiner Kollegen beim Volkswagen-Konzern untergebracht. Als Folge des fallenden Dollarkurses entstand ein Schaden von 280 Millionen DM. In der Anklageschrift war von Urkundenfälschung, Veruntreuung, intensiver Verschleierungspraxis und beachtlicher Eigenbereicherung die Rede.

Im März 1991 befaßte sich die Strafkammer des Duisburger Landgerichts mit Wolfgang Zeschmar, dem ehemaligen Leiter der Abteilung Internationaler Rohölhandel bei der Klöckner Werke AG. Er mußte sich wegen fortgesetzter Untreue verantworten. Das Duisburger Handelshaus geriet im Oktober 1988 durch verlustreiche Rohöltermingeschäfte in die Schieflage. Wäre nicht die Deutsche Bank mit einer

Finanzspritze in dreistelliger Milliardenhöhe eingesprungen, so wäre Klöckner pleite gewesen. Zeschmar hatte mit dem libanesischen Ölhändler Khalil Ghattas einen Rahmenvertrag über Rohöltermingeschäfte abgeschlossen. Am Ende saß Klöckner auf 94 Tankerladungen Rohöl, meist zu völlig überhöhten Preisen, was sich schließlich zu einem Verlust von rund 550 Millionen DM summierte.

Dollar: Das ewige Milliardenspiel

Der Dollarkurs ist immer falsch!

Was jeweils ein richtiger Wechselkurs ist, hängt von vielen Faktoren ab. Deshalb lautet eine alte Bankerregel: "Der Dollarkurs ist immer falsch!" So ist an den Devisenmärkten meistens High Noon. Dutzende von Daten und Kennzahlen fließen in die Meinungsbildung der Händler ein. Dazu kommen noch die Resultate der sogenannten technischen Analysten, also die Auswertungen von Kursgrafiken, den Charts.

Was in der Summe dabei herauskommt, gleicht manchmal dem Ergebnis eines Würfelspiels. Prognosen kann man im Dutzend und in jeder Ausführung haben: Eine Umfrage der Nachrichtenagentur Reuter bei 50 renommierten Finanzinstituten im August 1994 ergab einen Konsens von 1,53 bis 1,63 DM pro Dollar für das Jahr 1995. Für die Dollar-Yen-Parität wurden 98 Yen errechnet. Anfang April 1995 notierte der Dollar jedoch bereits bei 1,37 DM und bei 80 Yen.

Die Durchschnittswerte verdecken beträchtliche Meinungsunterschiede zwischen den einzelnen Instituten. Auf Jahressicht schwankten die Prognosen zwischen 1,45 DM von S. G. Warburg in London und 1,80 DM seitens der Bank of Montreal und der Royal Bank of Scotland.

Fest steht, daß sich auch 1994 die Prognostiker geirrt haben. Die meisten Marktteilnehmer waren von einem steigenden Dollar überzeugt, und viele ökonomisch-politische Faktoren hatten ja auch dafür gesprochen. Als im Frühjahr dann der erwartete Anstieg ausblieb, begannen die ersten, sich von ihren Dollarbeständen zu trennen. Da fast der gesamte Markt das Aufwärtskalkül im Kopf hatte und nur wenige eine konträre Dollarmeinung vertraten, fehlten plötzlich die Käufer, und die Stimmung kippte.

Der Großteil der Devisengeschäfte läuft abseits der amtlichen Devisenbörsen im Tempo der Elektronik per Telefon und Computer. Der Einsatz im Spiel ums große Geld beträgt pro Geldhaus oft über 2 Milliarden Dollar. Die großen Fadenzieher sind amerikanische, japanische und britische Investbanken, aber auch deutsche Universalbanken. Es gilt, die Preisunterschiede in der dritten und vierten Kommastelle aufzuspüren und profitabel auszunutzen. Arbitrage nennt sich dieses permanente Nachfrage- und Antwortspiel mit riesigen Margen.

Der österreichische Professor Stephan Schulmeister nennt das tägliche Auf und Ab des Dollars ein "Gröscherl-Spiel". Aber wir wissen ja: "Wer den Pfenning nicht ehrt..." Tatsächlich macht es beim Devisenhandel die Masse.

Bei den Dollarstrategen gibt es zwei Typen von Händlern: den traditionellen Psychologen, der in die Märkte hineinhorcht, um aus den Einschätzungen der Partner eine Kursprognose ableiten zu können, oder aber den modernen Systemspieler, der sich mit einfacher Charttechnik, bestehend aus Unterstützungs-,

Widerstands- und Trendlinien Ein- und Ausstiegssignale vorgibt.

Der Traditionalist, in Europa noch verbreitet, vertraut seinen hellseherischen Gaben, der progressive Amerikaner versteht indessen sein Computerhandelsmodell wie eine Anleitung zum Spiel. Auf die Interpretation politischer Stimmungen und volkswirtschaftlicher Grundströmungen im Umfeld des Handels wird auch er nicht verzichten. Aber dieses emotionale Element rangiert beim technischen Analysten erst an zweiter Stelle.

Die technischen Analyseverfahren der Profis lösen Schubbewegungen aus. Auf solche "Runs" setzen die Systemspieler. Durch das Zusammenwirken von Chartisten und Traditionalisten ergibt sich der Kursverlauf des Dollars. Gefürchtet sind die sogenannten "Whip-Saws" (Sägezähne) in Phasen der Suche nach Orientierung. Bei Whip-Saws versagt praktisch jedes Spekulationsmodell, und genausogut könnte man Lotto spielen, um Erfolg zu haben. Verluste können dann praktisch nicht mehr ausgeschlossen werden.

In wenigen Minuten kann der Dollar um drei Pfennig schwanken, und das eröffnet riesige Gewinnchancen. Richtig erfaßt sind bei 100 Millionen Dollar Einsatz dann schnell einmal 3 Millionen in der Kasse. Die langfristige Trendbewegung bestimmt die Grundrichtung, die ausgeprägten Kursschübe, also jene Runs, halten mehrere Tagen, Wochen oder sogar Monate an und bestimmen die Logik des Marktes. Auf diese Weise haben deutsche wie ausländische Devisenhändler den Dollarkurs vor 1985 schubweise zu weit nach oben überschießen lassen und danach zu weit nach unten getrieben.

Für die Händler sind generell die US-Märkte besonders wichtig. Sie sind die Trendsetter. Morgens, wenn man ins Büro kommt, sieht man sich an, was die US-Zinsen gemacht haben, dann hat man zumindest für die nächsten zwei Stunden eine gute Idee, wie sich die übrigen Märkte verhalten werden; zum Beispiel auch bei Aktien. Auch dort ist wichtig, wie sich die New Yorker Börse entwickelt hat. Und die Aktienhändler schauen sich natürlich den Wechselkurs DM-Dollar an, weil daraus Ableitungen für die Gewinnschätzungen der exportorientierten Unternehmen möglich sind.

Die Welt der Devisenhändler ist der Markt, in dem die Sonne niemals untergeht. In allen Zeitzonen sind sie präsent. Wenn sie in Frankfurt oder München erschöpft den Telefonhörer aus der Hand legen, ist bei ihren Kollegen in New York, Chicago oder San Francisco gerade High-Time. Manche amerikanischen Banken und US-Broker in Deutschland arbeiten auch im Schichtdienst - oft zwölf bis 16 Stunden am Tag. Morgens registrieren sie das Geschehen in Fernost, abends wollen sie noch den Trend an der Wall Street in ihre Dispositionen einbeziehen.

Kulissenschieber

Der 22. Juli vergangenen Jahres war einer jener kritischen Tage im Devisenhandel. Zwischen dem Frankfurter Fixing und abends in New York sprang der Dollar plötzlich um drei Pfennig auf 1,59 DM. In der Nacht nahmen die Händler von Tokio und Singapur die ersten Gewinne mit und drückten die US-Währung wieder auf 1,58 DM. Am Morgen trieben sie in Frankfurt die Devisenkurse wieder nach oben, am frühen Nachmittag notierte der Dollar über 1,60 DM.

Die Gründe hierfür lieferte der amerikanische Finanzstaatssekretär Lawrence Summers. Er kündigte - assistiert von US-Notenbankchef Alan Greenspan - an, die Regierung wünsche einen festeren Dollar, ein Verfall sei unwillkommen und ärgerlich. Damit war für die Profis klar, daß die Notenbank Fed notfalls die Zinsen erhöhen konnte, wenn die US-Währung weiter fiel.

Ein Beispiel, wie ein Politiker die Spieler in Atem hält, lieferte der ehemalige US-Finanzminister Lloyd Bentsen. Ende Oktober 1994 sandte er anläßlich einer Wahlkampfreise von drei verschiedenen Orten aus mehrere Botschaften an die Händlertische. Zuerst erklärte er, die USA hätten keine Interventionspläne. Das war in Seattle. Ein paar Stunden später in Portland, als der Dollarkurs gefallen war, betrieb er Schadensbegrenzung und verlieh seiner Sorge Ausdruck: "Wir können intervenieren, und wir können das erfolgreich." Der dritte Akt folgte im kalifornischen Palo Alto, wo es schon Nacht war. Die japanischen Märkte waren bereits offen, und die Bank von Japan stemmte sich - wie so oft vergebens - gegen den Kursanstieg des Yens. Bentsen kombinierte vor Reportern seine Sätze aus Seattle und Portland: "Wie ich schon sagte, haben wir die Absicht, an den Devisenmärkten zu intervenieren, aber ich diskutiere nicht irgendwelche Sofortpläne." Tags darauf schob

Bentsen noch die Bemerkung nach: "Wir sind wegen der jüngsten Bewegung des Dollars besorgt."

Vollends durcheinander ging es im Oktober 1994, als die Differenzen in der US-Regierung über Devisenmarktinterventionen öffentlich ausgetragen wurden. Finanzminister Lloyd Bentsen erklärte, daß Washington keine Stützungskäufe beabsichtige, kurz darauf vertrat sein Stellvertreter Summers die Auffassung, daß es Situationen gäbe, in denen Interventionen durchaus sinnvoll seien.

Die Statements der Politiker und auch der Banker lassen oft mehrere Deutungen zu. Bundesbankpräsident Hans Tietmeyer versuchte, den Dollar zu stützen, indem er sagte, ein übermäßiger Kursverfall schade letztendlich allen.

Egal, wie gut es um die amerikanische Wirtschaft stand, die Stimmung an den Devisenmärkten blieb 1994 und Anfang 1995 gegen den Dollar gerichtet. Trotz glänzender Wachstumsaussichten und geringen Inflationsdrucks war das Vertrauen der Märkte in die Clinton-Administration erstaunlich gering. Und dies hat den Dollarkurs offenbar maßgeblicher beeinflußt als alle kurzfristigen Interventionen.

Allein von April bis Juni warfen die USA 3,5 Milliarden Dollar in die Schlacht. Sie verkauften DM und Yen, um Dollar von den Märkten abzuziehen. In der ersten Runde am 29. April verkauften sie an einem einzigen Vormittag DM im Wert von 500 Millionen Dollar und Yen für 200 Millionen Dollar, so ein Bericht des US-Kongresses. In der zweiten Runde, am 4. Mai, verkauften 19 Zentralbanken DM im Wert von 750 Millionen Dollar und für 500 Millionen Dollar japanische Yen.

Als diese Interventionen auch nichts nutzten, verkaufte die US-Notenbank am 24. Juli nochmals für rund 1 Milliarde Dollar DM und Yen im Gegenwert von 610 Millionen Dollar. Dennoch fiel der Dollar gegenüber der DM vom 8. April bis zum 12. Juli von 1,7115 bis 1,5290 DM.

Die Schlacht gewannen jene Devisenprofis, die auf einen schwachen Dollar spekuliert hatten und den Notenbanken Paroli boten. Wieder einmal erwies sich das Waffenarsenal der Zentralbanken als stumpf.

Noch dramatischer verlief die Entwicklung in den ersten vier Monaten 1995. Die Ereignisse brachten das ganze Währungsgefüge inklusive des Europäischen Währungssystems durcheinander. Zuerst sorgte die krisenhafte Situation von Mexiko, dem unmittelbaren Nachbarn der USA, und die damit verbundene dramatische Peso-Abwertung für Aufregung. Die hochgelobten Emerging Markets, die Börsen der Entwicklungsländer, krachten zusammen. Die Investoren zogen massenweise Kapital ab. Dazu kam die Erdbebenkatastrophe in Japan. Der Dollar stürzte auf einen Tiefstkurs von 1,34 DM - ein Wertverlust von 14 Prozent in nur drei Monaten. Im März 1995 vermutete die Deutsche Bank, daß die Kapitalabzüge japanischer Investoren aus den USA zur Schwächung des Dollars beigetragen haben.

Bis vor einigen Jahren haben im wesentlichen die ökonomischen Daten und Erwartungen den Preis des Dollars noch mehr bestimmt. Inzwischen sind diese Faktoren in den Hintergrund gerückt - zumindest bei kurzfristigen Wechselkursschwankungen. Ob Amerika mehr oder weniger exportiert, ob die Inflations- und Zinsunterschiede größer oder kleiner sind, das hat bei den großen Volumina, die heute täglich im Devisenhandel bewegt werden, für die Kursbildung kaum noch Bedeutung. Längerfristig werden fundamentale Ungleichgewichte wie etwa Handels- und Leistungsbilanzdefizite oder -überschüsse sich im Wechselkurs wieder ausdrücken. Aber im Vergleich zu vergangenen Jahren ist das Verhalten der Akteure an den Devisenmärkten einfach anders. Längst hat sich der Dollar von den realen Handelsströmen abgekoppelt. Schätzungsweise entfallen nur vier Prozent des täglichen Geschäfts darauf.

Andere Bestimmungsgrößen wurden Anfang 1995 von den Anlegern kaum in Erwägung gezogen. So wurde Amerika immer wieder als sicherer Hafen gepriesen. Die Safe-Heaven-Theorie schlug dieses Jahr aber kläglich fehl. Obwohl es überall auf der Erde von Konflikten nur so wimmelte, stiegen die Anleger massiv aus dem Dollar aus. Auch der US-Wirtschaftsboom hat keinen positiven Einfluß auf die US-Valuta gehabt. Wirtschaftliche Stärke geht demnach auch nicht immer mit einer hohen Parität der betroffenen Währung einher.

Dem Trend auf der Spur

Vor diesem Hintergrund ist es natürlich schwierig, fundierte Vorhersagen über Wechselkurse zu treffen. Die gewieften Händler richten sich bei der Entscheidung für ihre Deals nicht nur nach bekanntgewordenen Daten und auch nicht nach amtlichen Aussagen und Prognosen zu Wirtschaftsentwicklung, sondern sie versuchen einzuschätzen, wie die anderen wohl auf Neuigkeiten reagieren werden. Das große Rad drehen die Spekulanten, denen es eher um Trends geht. Im Milliardenspiel mit Devisen kommt es mehr denn je darauf an, vorauszusehen, wohin sich der Markt in den nächsten Stunden entwickeln wird. Warum sich die Kurse dramatisch ändern, darauf verschwenden die "Golden Boys" oder "Whizzkids" mit den vielen Telefonen und Computerbildschirmen nicht gar so viel Zeit und Gedanken.

Je größer die Schwankung, desto größer die Gewinnmöglichkeiten, aber auch die Risiken. Den größten Schnitt bei den Devisendeals machen immer diejenigen, die zu den Leittieren gehören, deren plötzliches Losrasen die ganze Herde in Bewegung bringt.

Gezielt gestreute Gerüchte heizen die Stimmung oft mindestens genauso an wie Fakten. In dem weltumspannenden Kommunikationsnetz der Finanzjongleure gibt es keine richtigen Filter. Auch falsche Informationen werden zunächst für wahr gehalten, und der einmal in die Luft geworfene Ball wird von anderen aufgefangen und weitergespielt.

Gründe für eine Erholung der US-Währung sind ebenso anfechtbar wie zuvor die Motive für die Verluste. Der Markt kann überraschend erkennen, daß der Optimismus oder die Skepsis übertrieben waren.

Wenn zum Beispiel der US-Notenbankchef Alan Greenspan mit warnenden Worten die vorübergehenden Ungleichgewichte korrigieren möchte, dann wird der Devisenmarkt hellhörig, und man deckt sich schnell mit Short-Positionen ein. Wenn zur selben

Zeit der US-Finanzstaatssekretär Lawrence Summers vor dem Bankenausschuß des Senats bekräftigt, so geschehen am 26. Juli 1994, daß ein schwächerer Dollar das weltweite wirtschaftliche Wachstum gefährden könne, dann geht die Devisenspekulation lieber in Long-Positionen, sie kauft Dollar. Wenn dann zusätzlich noch der Finanzspekulant George Soros erklärt, möglicherweise im Interesse eigener Positionen, daß mehr internationale Kooperationen zur Stabilisierung der Wechselkurse erforderlich wären, dann erholt sich der Dollar ebenso sprunghaft, wie er zuvor gefallen ist.

Das ändert aber nichts an der Tatsache, daß die Milliardenzocker in Devisen an jeder Erholung des Dollarkurses zweifeln. Natürlich weiß der Dollarhandel aber auch, daß die US-Valuta 1995 billig war und daß weitere Verluste immer schwerer vorstellbar sind. Schon deshalb gilt es, sehr genau und sehr nah am Markt zu sein, um eventuelle Trendwenden nicht zu verpassen.

Ebenfalls wissen die Trader, daß es schon immer gefährlich war, den Dollar vollständig abzuschreiben. In allen dramatischen Dollarkrisen, wenn der Greenback immer tiefer zurückfiel, setzte sich beim Devisenhandel schließlich stets die Parole durch: "Dollar muß man haben." Das soll heißen: Irgendwann ist ein zyklischer Tiefpunkt erreicht. Wer den verpaßt, verdient an der nachfolgenden Erholung nicht mit.

Die monatlichen Arbeitsmarktberichte haben den US-Dollar nach oben und unten schon des öfteren in Bewegung gebracht. Auch die US-Geld- und Zinspolitik spielt eine große Rolle: Ob dies aber dem Dollarkurs hilft, ist keineswegs ausgemacht. Nach den letzten drei Zinsanhebungen 1994 ist die US-Währung jedesmal abgesackt, obwohl die höheren Geldmarktsätze sie doch eigentlich stützen sollten. Der Grund für diese nach herkömmlichem Muster paradoxe Reaktion war auf den US-Bondmärkten zu suchen, wo die Kurse kräftig fielen, weil die Händler Angst vor einer Kapitalflucht hatten. Das zog den Dollar mit nach unten.

Die Richtung des Dollars kann davon abhängen, wie sich die Handelsgespräche zwischen den USA und Japan entwickeln, und auf Sicht von drei bis sechs Monaten sind auch die jeweiligen Zinsprognosen ein wichtiger Faktor. Im Spiel mischt die Deutsche Bundesbank mit. Es geht um die Frage: "Behält sie ihre Zinssenkungspolitik bei oder nicht?"

Die Deutsche Bundesbank ist Weltmeister in Sachen Stabilitätspolitik. Sowie die Inflationsraten leicht anziehen - so geschehen 1992 und 1993 bis über 3 Prozent -, hält sie das Zinsniveau hoch.

Auch Zinsdifferenzen machen Devisenkurse. Gründe dafür sind zum Beispiel die unterschiedliche konjunkturelle Entwicklung oder die Zielsetzung eines Landes, mit niedrigen Zinsen auf Expansionskurs zu gehen. Das liegt an der unterschiedlichen Entwicklung der Volkswirtschaften. Während in Amerika und Großbritannien 1991/92 die Rezession herrschte, kehrte in Deutschland, Europa und Japan die Rezession erst ein Jahr später ein. In Amerika steuerte die US-Notenbank 1994 wegen des hohen Wirtschaftswachstums und der Gefahr anziehender Inflationsraten einen strengen geldpolitischen Kurs, während man in Deutschland zur selben Zeit eher auf sinkende Zinsen wartete.

Zur Steuerung internationaler Kapitalbewegungen sind Leitzinsen ein wichtiges Instrument. Mit der Feinsteuerung können Zinsen auch im kurzfristigen Bereich, zum Beispiel mittels Pensionsgeschäften, erhöht oder gesenkt werden und somit auch Kapitalströme in die gewünschte Richtung gelenkt werden.

Auch unterschiedliche Sparfreudigkeit hat auf internationale Zinsdifferenzen einen Einfluß. Die Amerikaner halten zum Beispiel vom Sparen wenig, für sie sind Geld und Kredit eng miteinander verwandt. Ein geringes Angebot an Einlagen und die hohe Nachfrage nach Krediten lassen deswegen die amerikanischen Zinsen in der Tendenz höher ausfallen als bei den sparfreudigeren und weniger kreditfreundlichen Deutschen. Der Zins ist nichts anderes als der Preis für die Überlassung von Kapital, die immer einen Inflationsausgleich erfordert.

Die Höhe der Zinsen hat auch eine Beziehung zur Höhe der Staatsschulden. Ein hoher Kapitalbedarf führt logischerweise zu steigenden Einsätzen. Gerade für die gewieften Derivate- und Devisen-Dealer sind die Zinsen einer der gewichtigsten Anhaltspunkte.

Kapitalbewegungen werden im wesentlichen durch Zinsdifferenzen verursacht. Wenn auf eine Währung hohe Zinsen gezahlt werden, so ist die Neigung, in dieser Währung Kapital anzulegen, natürlich größer, und der Effekt dabei ist, daß diese Währung im Kurs gegenüber anderen, niedriger verzinslichen Währungen steigt.

Aber den Spekulanten sind viele Argumente egal, sie brauchen Bewegung, denn sie verdienen an Kursdifferenzen. Verkündet der US-Präsident Bill Clinton überzeugend, er sei nicht an einem sinkenden Dollar interessiert - und das auch noch an einem kritischen Tiefpunkt - werden sie den Kurs schlagartig nach oben treiben. Und wenn den Dollar-spekulanten und -zockern die These plausibel erscheint, daß die USA den Dollarverfall als Druckmittel gegen Japan und dessen riesige Leistungsbilanzüberschüsse einsetzen, so wird massiv in Yen spekuliert. Anfang April 1995 stand der Yen auf dem höchsten Stand nach dem Krieg. Und die japanische Wirtschaft stöhnte über Exportverluste.

Bei Inflationsangst will kaum jemand Dollar kaufen. Dies war in den USA 1994 längere Zeit ein Thema. Aber mit der Fundamentalanalyse allein kommt man der Entwicklung des Dollarpreises nicht auf die Spur.

Unerklärlich ist die latente Dollarschwäche aber keineswegs. Denn die Amerikaner leisten sich seit vielen Jahren ihr berühmtes Doppeldefizit, nämlich im Haushalt und ein sich ständig ausweitendes in der Leistungsbilanz. Das bedeutet nichts anderes, als daß Tag für Tag Dollars angeboten werden, mit denen die Einfuhren bezahlt werden.

Bei einem voraussichtlichen Fehlbetrag von 140 Milliarden Dollar im Jahr 1995 in der Leistungsbilanz sind es rein statistisch gesehen etwa 400 Millionen Dollar täglich, die auf den Markt und den Kurs der US-Währung drücken. Daß die Spekulation sich in einem solchen Fall an den Trend hängt und ihn noch verstärkt, ist kein Wunder.

Einhellig herrscht jedoch die Meinung, der Verfall der amerikanischen Devise bis unter 1,40 DM sei sachlich einfach nicht gerechtfertigt. Das amerikanische Haushaltsdefizit ist prozentual geringer als das deutsche. Verzerrt wird das Gefüge der Währungspreise eben durch die überbordende Spekulation. Die Geldströme bewegen 96 Prozent der Dollarmasse, die Warenströme nur 4 Prozent.

Heftige Bewegungen sind ein Zeichen dafür, daß der Markt nach einer Richtung sucht. Im Mai 1995 galt die Währung der stärksten Volkswirtschaft der Erde um mehr als 20 Prozent unterbewertet, wenn man die Kaufkraft von Dollar und DM in ihren Heimatländern als Maßstab nimmt.

Die Kehrseite der Medaille

Die Amerikaner selber interessiert der Außenwert ihrer Währung kaum. Ein Dollar ist für sie ein Dollar, und das ist genug. Nur wenn der Wechselkurs die Benzinpreise hochtreibt oder die Kosten für einen Urlaub in Europa verteuert, horchen sie auf. Die Dollarkrise Anfang 1995 ist an der breiten Öffentlichkeit in Amerika denn auch weitgehend vorübergegangen und hat bei weitem nicht jenen Medienwirbel verursacht wie zum Beispiel in Deutschland.

Die Experten befürchten indessen, daß das hektische Auf und Ab an den Devisenmärkten in den kommenden Jahren noch zunehmen wird. Die Folgen für die betroffenen Volkswirtschaften können dramatisch sein. Denn Arbeitnehmer und Konsumenten, so das Münchener ifo-Institut, leiden unter den Währungsschwankungen insofern, als die Auswirkungen der Zockerei alle Kalkulationen über den Haufen werfen. Entscheidungen über Investitionen und Arbeitsplätze werden so zu einem reinen Glücksspiel. Bereits im September 1994 beobachtete mehr als die Hälfte der deutschen Unternehmer die Dollarschwäche mit Sorge. 53 Prozent waren der Meinung, daß ein Greenback unter 1,60 DM spürbar negative Folgen für die Exportwirtschaft habe, was früher im Jahr noch als eher unwahrscheinlich abgetan worden war.

Jedenfalls wirkt die Verteuerung der DM dämpfend auf die deutschen Exporte, jeder vierte Industrieriese sah sich in seinen eigenen Geschäften beeinträchtigt. Kurz zuvor im Juli 1994 war noch zu lesen gewesen, daß die Dollarschwäche die Wirtschaft nicht beunruhige.

Porsche-Chef Wendelin Wiedeking erklärte auf dem Genfer Automobilsalon 1995, daß nicht einfach einige Gambler über den Absatz deutscher Produkte im Ausland entscheiden dürften. Die Politiker und die Notenbank fordern, die aufgeblähten Devisenmärkte trockenzulegen. Bei einem Kursverlust von 8 Prozent im März 1995 hat sich die Wettbewerbssituation der deutschen Exportwirtschaft erheblich verschlechtert. Bei anhaltend ungünstigem Kurs verschärft sie sich weiter. In den Branchen Auto, Chemie, Maschinenbau und Elektrotechnik setzen deutsche Unternehmen rund die Hälfte ihrer Produkte im Ausland ab. Der Höhenflug der heimischen Währung macht es den Exportfirmen nun schwerer, ihre Erzeugnisse in der Welt zu verkaufen.

Für die Daimler-Benz-Tochter Aerospace DASA ist ein Dollarkurs von unter 1,40 DM schlicht eine "Katastrophe". Denn mehr als zwei Drittel aller Geschäfte bezahlen die Kunden des Flugzeugbauers (Airbus) in Dollar. Für den gesamten Daimler-Konzern, so haben die Aktienexperten der Deutschen Bank errechnet, bedeutet jeder Pfennig, den der Dollar unter 1,60 DM liegt, eine Gewinnminderung von 30 Millionen DM. Bleiben die DM so fest und der Dollar so schwach wie Anfang 1995, so wird der Export als Konjunkturmotor im Spätsommer 1995 oder Anfang 1996 ins Stocken geraten.

Besser geht es jenen Unternehmen, die im Ausland nicht nur verkaufen, sondern auch produzieren. BMW hat zum Beispiel massive Kostenentlastungen durch den Währungsverfall. Die bayerischen Autobauer kaufen jährlich Teile für 4 Milliarden DM im Ausland ein.

Tatsächlich gibt es auch nach dem Dollarverfall bis unter 1,35 DM unterschiedliche Interpretationsmöglichkeiten für die Folgen. Eine relativ kurze Dollarschwäche nämlich wäre für Deutschland erträglich. Gravierende Wachstumseinbußen, Arbeitsplatzverluste und Verlagerung der Produktionsstätten ins Ausland - solche Aussagen gab es auch schon bei den früheren Dollarschwächen 1977/78, 1986/87 und auch 1992.

Jedesmal sank der Dollar auf historische Tiefstände, und jedesmal erholte sich die US-Währung danach wieder - mal mehr, mal weniger. Jedesmal erwies sich die deutsche Volkswirtschaft in ihrer Gesamtheit als robust genug. Die oftmals unterstellte generelle Beeinträchtigung des Welthandels durch starke Wechselkursfluktuationen konnte empirisch bisher nicht nachgewiesen werden, meinen manche Professoren. In der Summe habe sich sogar gezeigt, daß ein niedriger Dollar für die deutsche Volkswirtschaft mitunter günstiger ist als eine teure US-Währung.

Der Grund: Rund 20 Prozent der deutschen Exporte fließen in den Dollarraum. Ein Teil dieser Produkte wird jedoch vor Ort produziert, so daß auch die Herstellungskosten in Dollar anfallen. Schließlich gilt für eine Reihe deutscher Exportprodukte seit langem, daß die preisliche Wettbewerbsfähigkeit nicht entscheidend ist, sondern Qualität, Lieferfähigkeit, Markenname und technischer Standard. Der Auslandsabsatz blieb auch bei einer wechselkursbedingten Teuerung relativ stabil.

Auf der Importseite stehen etwa 20 bis 25 Prozent Rohstoffeinfuhren, die weitgehend in Dollar abgerechnet werden. Da kommt nun ein nachhaltiger Kostensenkungseffekt zum Tragen. Die Importindustrie und die heimische Konsumgüterindustrie profitieren davon ebenso wie das inländische Verbraucherpreisniveau, also die Inflationsraten.

Auch die Verlagerung von Produktionsstätten in Länder mit billigeren Währungen wird teilweise überdramatisiert. Als der Dollarkurs 1985/86 von über 3,40 DM auf 1,79 DM absank, wurden zunächst ein Kurs von 2,50 DM, später von 2,20 DM und noch später dann um 2 DM als äußerste Schmerzgrenze für die deutsche Volkswirtschaft bezeichnet. Sodann galt ein Kurs von 1,80 DM als akzeptabel, und mittlerweile scheint vielen der Dollar zwischen 1,50 und 1,60 DM schon wieder als eine den Gewinn sichernde Zielvorstellung. Die US-Valuta hat also gegenüber 1985 mehr als 55 Prozent ihres Wertes verloren, und trotzdem existiert die deutsche Exportwirtschaft noch - sie ist sogar der Motor des Aufschwungs 1995.

Bedenklich ist nur, daß das Vertrauen in die regulierende Kraft der freien Handelssysteme schwindet. Die elektronischen Märkte erfüllen ihren Zweck nicht. Die entscheidende Rolle spielen dort Spekulanten und nicht Investoren. An turbulenten Tagen kreuzen 1000 Milliarden Dollar über die globalen Finanzmärkte. Die Welt ist mit Dollars überschwemmt, und das drückt auf deren Wert. Die 1995 gute Wirtschaftslage in den USA erklärt nicht die Schwäche des Dollars. Und umgekehrt läßt sich die Stärke der DM und des Yen nicht aus dem Zustand der jeweiligen Volkswirtschaften ableiten. Aber solange es keinen Ersatz für den Dollar als Weltreservewährung gibt, wird man sich mit regelmäßig wiederkehrenden Dollarkrisen abfinden müssen. Dem britischen Pfund war es am Ende seiner Rolle als Weltreservewährung vor Jahrzehnten ähnlich ergangen. Zur US-Valuta als Weltreservewährung gibt es zur Zeit keine Alternative.

Die DM wird hierbei zwar immer wichtiger, indessen dürften in ihr nur etwas über 20 Prozent der Weltdevisenreserven angelegt sein. Überdies nehmen die Dollarbestände der Dritte-Welt-Länder kontinuierlich zu - zwischen 1993 und 1994 von 345 auf 365 Milliarden.

Die nächste Krise kommt bestimmt

Die Beziehungen des Dollars waren nie sehr vernünftig. In der ersten Phase der frühen 80er Jahre verfolgte die Reagan-Administration die Politik des starken Dollars. Sie ermöglichte billige Importe und senkte damit die Inflation, von der die Amerikaner Anfang der 80er Jahre mit Sätzen bis zu 14 Prozent noch ziemlich betroffen waren. Andererseits zog sie ausländische Investoren an, die das Handelsbilanzdefizit finanzierten.

Aber um das Jahr 1985 schnellte das Handelsbilanzdefizit gefährlich in die Höhe. Die Exporte wurden durch den starken Dollar beeinträchtigt, und die heimischen Industrien wurden von billigen ausländischen Importen bedroht, insbesondere aus Japan. James Baker, der neue Finanzminister, beschloß, den Dollar abzuwerten. Das sogenannte Plaza-Abkommen markiert den Beginn des Dollarabstiegs von seinem Höchstkurs bei 3,47 DM im Februar 1985.

Was die führenden Industrienationen mit James Baker letztendlich vereinbart hatten, wurde an und für sich nie ganz klar. Die Zentralbanken sollten nur intervenieren, wenn der Dollar allzusehr nach unten abgewertet würde. Aber zwischendurch bekamen die Währungshüter Angst, daß er zu schnell fallen könnte, wie zum Beispiel im Februar 1987. Die Finanzminister trafen sich im Louvre in Paris, es entstand das Louvre-Abkommen, um die Währungen zu stabilisieren, und es entstand der neue Begriff von der weichen Landung und von Bandbreiten. Aber das funktionierte alles nicht. Letztendlich hatte sich der

Dollar zwischen 1985 von 3,47 auf 1,39 DM Ende 1987 zurückgebildet.

Ein Markstein zur Devisenspekulation war das Ende der Goldkonvertabilität des US-Dollars. Im Dezember 1971 wurden die Paritäten der westlichen Industrienationen gegenüber der US-Währung neu festgesetzt. Die DM wurde damals schon um 13,58 Prozent gegenüber dem Dollar aufgewertet. Aber die Flucht aus der US-Devise konnte damit nicht gebremst werden. Maßnahmen, die den Kapitalimport erschweren oder verhindern sollten, erwiesen sich als unnütz. Damals war es eine Zeitlang Ausländern verboten, deutsche Wertpapiere zu kaufen. In der Schweiz wurden neben ähnlichen Maßnahmen ausländische Guthaben sogar mit einem Negativzins belegt.

Schließlich erfolgte am 19. März 1973 die Aufhebung des verbliebenen Restes fester Wechselkurse. Die Bundesrepublik Deutschland, Frankreich, Dänemark und die Benelux-Länder ließen ihre Währung gemeinsam gegenüber dem Dollar floaten, mit anderen Worten, sie beendeten ihre Stützungsmaßnahmen und überließen dem Markt die Festsetzung der Paritäten.

Seinerzeit entstanden auch die beiden Währungsblöcke, nämlich der Dollarblock und der Europäische Block. Der Greenback ist einerseits Orientierungspunkt für die Währungen des sogenannten Dollarblocks, wozu die kanadische, australische, neuseeländische sowie die Hongkong- und Singapur-Valuta gehören. Sie bewegen sich im wesentlichen parallel zu ihm. Desweiteren haben sich viele Entwicklungsländer direkt an den US-Dollar gebunden.

Der zweite Pol im Weltwährungssystem sind die EG-Währungen. Innerhalb dieser Gruppe waren lange Zeit nur geringfügige Paritätsschwankungen möglich. Die Ungleichgewichte in den Zahlungsbilanzen und in der Inflationsentwicklung sowie die Vorliebe der Investoren für die DM brachten das europäische Gefüge aber immer wieder durcheinander. Über einen längeren Zeitraum betrachtet, haben die italienische Lira und die spanische Peseta gegenüber der DM enorm an Wert verloren. Auch der französische Franc ging mehrmals in die Knie, übrigens sehr zum Leidwesen der nationalitätsbewußten Franzosen.

Vielfach bewegen sich die Währungen nach liebgewordenen Vorurteilen und Vorstellung, zum Teil auch nach falsch interpretierten Tagesmeldungen. So sind die Paritätsschwankungen das Ergebnis eines höchst komplexen Zusammenspiels vieler wichtiger wirtschaftlicher, politischer und psychologischer Faktoren. Und wahrscheinlich sind sie deshalb auch besonders beliebte Spekulationsvehikel. Sicher ist nur eines: Der Dollar ist für Überraschungen stets gut und hat eine ausgeprägte Neigung, die ihm gestellten Prognosen zu mißachten.

Trotz der vielen Schwankungen und des andauernden Hin und Hers meint Friedrich W. Menzel, Chef der Citybank Global Finance, daß der Dollar weit besser unter Kontrolle sei als in den 80er Jahren. Damals hatte sich der Kurs gegenüber der DM zunächst bis auf 3,47 DM verdoppelt und anschließend wieder halbiert.

Solche Kapriolen hat es in den 90er Jahren zum Glück nicht mehr gegeben. Seit 1990 schwankt die

US-Devise bis auf wenige Ausschläge zwischen 1,35 und 1,80 DM.

Die Folgen der Turbulenzen für das Weltwährungssystem werden sehr unterschiedlich beurteilt. Der Bankier Wilfried Guth meint zum Beispiel, der Zustand sei nicht unbedingt gefährlich, aber unbefriedigend. "Wir sind früher schon mit stärkeren Ausschlägen fertig geworden, ohne daß die Weltwirtschaft zusammenbrach, aber vielleicht führen verzerrte Wechselkurse eines Tages zu protektionistischen Maßnahmen." Für die Banker sind die Schwankungen kein großes Problem, denn je heftiger sie ausfallen, desto höher die Umsätze und desto besser die Gewinnchancen, allerdings auch die Gefahr, schiefzuliegen.

Jedoch besteht die latente Gefahr, daß die Dollardealer eines Tages die US-Valuta so massenweise verkaufen, daß dadurch die Wertpapiermärkte in den Crash getrieben werden und das weltweite Finanzgebäude zu wackeln beginnt. Die gehandelten Volumina sind einfach zu groß, als daß Interventionen dann noch etwas nützen könnten. Und jeder Notenbanker weiß, daß der Markt zum Beispiel politische Kurssignale auf ihre Substanz testet. Die Skeptiker warnen vor einer gefährlichen Dollarwalze, und einige sind der Meinung, daß der Dollar die Achillesferse der Weltfinanzmärkte sei. Die überbordende Dollarspekulation ist ein unberechenbarer, gefährlicher Störfaktor für das gesamte Gefüge der Weltwirtschaft. Die Gefahr für die deutsche Konjunktur ging 1995 weniger von der gewiß nicht sehr hilfreichen Entwicklung auf den Devisenmärkten aus, sondern auch von denjenigen, die wegen der Aufwertung der

DM Endzeitstimmung verbreiteten. Die Frage, soll man das Schicksal von Volkswirtschaften den Finanzmärkten überlassen, liegt nahe. Der ehemalige Daimler-Benz-Chef Edzard Reuter erklärte zum Beispiel: "Die Turbulenzen auf den Geldmärkten dürften der Politik nicht mehr egal sein."

Die Banker werden die Botschaft zur Kenntnis genommen haben, aber das Milliardenspiel mit Dollar, DM, Yen und Pfund geht weiter wie bisher.

Turbulenzen im EWS: Spekulanten profitieren

Das europäische Währungssystem EWS hat als notwendige Integrationsklammer noch Bestand, aber die engen EWS-Bandbreiten sind in weiter Ferne, und so blüht die Spekulation mit den Euro-Währungen DM, Franc, britisches Pfund, der italienischen Lira und der spanischen Peseta wie noch nie.

Im September 1992 geriet das EWS zum ersten Mal ziemlich aus den Fugen, im Juli 1993 bliesen die Spekulanten erneut zum Großangriff gegen den Verbund. In den frühen Morgenstunden des 2. August mußten dann die Währungshüter ihre Niederlage gegen die Milliardenzocker eingestehen. Sie verkündeten die Erweiterung der Bandbreiten von 4,5 auf 30 Prozent, was praktisch das Ende fester Wechselkurse in Europa bedeutete.

Als Frankreichs Finanzminister Edmond Alfandérie erklärte, "wir haben das EWS beibehalten" erntete er nur ein mitleidiges Lächeln. Das britische Pfund war nicht mehr dabei.

London hatte ohnehin lange gezögert, bevor es im Oktober 1990 seine Währung an die strengen Regeln des EWS band. Es dauerte insgesamt nur knapp zwei Jahre, bis das Pfund bei der großen Spekulationswelle im Herbst 1992 wieder das Weite suchte - in Richtung Abwertung. Der Wechselkurs von 2,95 DM für ein Pfund galt schon damals als äußerst ehrgeizig.

Am 16. September 1992, dem schwarzen Mittwoch, erhöhte die Bank von England gleich zweimal ihre Leitzinsen, um den Sterling zu stützen. Als die stabilisierende Wirkung ausblieb, verkündete sie noch am gleichen Abend den Ausstieg aus dem Währungsverbund.

Natürlich hatten die Briten auf der anderen Seite auch nichts dagegen, daß das Pfund so weit fiel. Wenigstens war es durchaus im Sinne der britischen Politik, die die Exporte damit zu begünstigen und zugleich mit niedrigen Zinsen die lahme Wirtschaft zu beleben versuchte.

Arg erwischt hat es in den Jahren seit 1992 auch die zwei Währungen, die an das EWS angebunden waren, ohne zum harten Kern zu gehören: die italienische Lira und die spanische Peseta. Beide Währungen büßten bis Mitte 1994 rund ein Viertel ihres Wertes ein. In beiden Ländern kam das den Exporten zugute, doch nur der italienischen Wirtschaft gelang es, daraus einen Handelsüberschuß zu machen.

Ein Beispiel für das Gelingen des Rezeptes Aufschwung durch Abwertung sind dabei beide Länder nicht. Spanien hatte 1994 mit etwa 25 Prozent die mit Abstand höchste Arbeitslosigkeit in der Europäischen Union, in Italien lag die Quote bei über 11 Prozent - Tendenz steigend.

Das Ideal jedes Wirtschaftspolitikers ist es, inflationsfreies Wachstum und Vollbeschäftigung zu erreichen. Solche Volkswirtschaften werden als stark angesehen, von privaten Anlegern ebenso wie von gewerblichen Investoren. Geringe Inflationsraten bei einem wachsenden Bruttosozialprodukt werden so in der Tendenz und Theorie immer die Parität einer Währung stärken und im ungekehrten Falle schwächen.

Die spanische Peseta war über Jahre hinweg eine chronische Abwertungswährung, international allenfalls gut genut, um Urlaub oder Zweitwohnsitz in Spanien zu finanzieren. Ihre Abwertungsraten bewegten sich im Rahmen ihrer meist zweistelligen Inflationsrate - so lange, bis es der Regierung gelang, das wirtschaftliche Wachstum etwa in 1987 auf 5 Prozent anzukurbeln und die Inflationsrate von 15 Prozent auf 5,3 Prozent zu drosseln.

Ganz ähnlich verhielt es sich mit der italienischen Lira und anderen europäischen Weichwährungen. Auch dem französischen Franc spielten die Devisenspekulanten übel mit. Doch Paris verteidigte die Parität seiner Währung mit Zähnen und Klauen. In der Amtszeit des sozialistischen Präsidenten François Mitterrand hatte es bereits fünf Abwertungen gegeben, die erste im Oktober 1981, fünf Monate nach seinem Amtsantritt.

Als die Reserven der Banque de France aufgezehrt waren, sprang zuletzt die Bundesbank ein und übernahm eine Art Kursgarantie. Doch letztlich reichte auch das nicht, um das EWS funktionsfähig zu erhalten.

Einen Beitrag zur Diskussion um den Fortbestand des EWS lieferten sieben Professoren des berühmten Massachussetts Institute of Technology (MIT) im amerikanischen Cambridge, unter ihnen Nobelpreisträger Robert Solow. Ihr Urteil: Das Ende der engen EWS-Bandbreiten öffnet für die meisten Volkswirtschaften die Tür zu weitaus besseren Resultaten. Das Deutsche Institut für Wirtschaftsforschung, DIW, hält die Währungsunion auf lange Zeit für ein irreales Wunschbild.

Im Prinzip ist es immer so, daß die Notenbanken abwarten müssen, mit welcher Wucht sie eine Spekulationswoge trifft. Die Devisenhändler bei den Banken und ihre Chefvolkswirte heizen die Spekulation mitunter kräftig an. Gefahren für das EWS sahen Anfang 1995 zum Beispiel die Leiter der Devisenhandelsabteilungen bei der Bayerischen Hypotheken- und Wechselbank: "Wir dürften eine weitere Krise bekommen." Die Kollegen von der Bayerischen Vereinsbank waren noch pessimistischer: "Die Flucht in die DM wird weitergehen." "Was wir sehen, ist nicht eine Krise des Wechselkursmechanismus im EWS, sondern sein Ende", erklärte Chefhändler Helmut Konrad.

Zwar könnten Länder wie Deutschland, die Niederlande, Österreich und Luxemburg relativ problemlos eine Währungsunion bilden. Doch es gibt keine Möglichkeit, die anderen Währungen mit ihren Unterschieden in ein System zu pressen. Im Frühjahr 1995 betrachteten die Experten im Europäischen Währungssystem in erster Linie Belgien und Frankreich als schwache Kandidaten. Der nächste Abwertungskandidat ist nach Auffassung Viktor von Klemperers, Chefdevisenhändler der Dresdner Bank, der belgische Franc. Citi-Bank-Vorstand Dieter Pfundt zweifelt ebenfalls an der Stärke der französischen Währung. Der Franc wird vor allem unter Druck stehen, wenn kommende französische Politiker, was zu befürchten steht, nicht europafreundlich sind.

Politische Krisen erwarten die Experten auch für die spanische Peseta und in eingeschränktem Maße nach wie vor für das britische Pfund. So bedeutet die Absicht des Europäischen Parlaments, die zunehmende Spekulation im Zusammenhang mit der wachsenden Globalisierung der weltweiten Finanzmärkte zu untersuchen, gleichzeitig nichts und viel. Der Bericht warnt einerseits vor den Turbulenzen im EWS, die ausschließlich auf Spekulanten zurückgingen. Andererseits sei Spekulation oftmals nichts anderes als kluges Verhalten von Regierungen, Banken, multinationalen Unternehmen, Pensionskassen und Privatpersonen. Die Devisenhändler werden dies mit Freude gehört haben.

In seiner jetzigen Form wurde das Europäische Währungssystem 1978 unter der Federführung Frankreichs und Deutschlands ins Leben gerufen. Erklärtes Ziel war seinerzeit, die Währung der EG-Länder über eine Verrechnungseinheit (ECU) so aneinander zu ketten, daß Beeinträchtigungen im innereuropäischen Handel durch allzu große Paritätsveränderungen ausgeschaltet werden könnten.

Ein anderer wichtiger Gesichtspunkt war (aus dem Grunde des Zusammenbrechens des Systems der festen Wechselkurse), dem Dollarblock ein möglichst großes und einheitlich abgestimmtes europäisches Gegengewicht zu bieten. So wurde die European Currency Unit (ECU) ins Leben gerufen. Sie ist ein Währungskorb, in dem alle Währungen der EG-Mitgliedsstaaten vertreten sind, dazu die spanische Peseta und der portugiesische Escudo, eine Zeitlang kam auch das Punt dazu. Insgesamt waren folgende Währungen dabei: die DM mit 38,16 Prozent Anteil am Währungskorb, der französische Franc mit 19,88 Prozent, der holländische Gulden mit 9,48 Prozent, die italienische Lira mit 8,15 Prozent, die Dänenkrone mit 2,45 Prozent, der belgische Franc mit 7,98 Prozent, die Peseta mit 5,38 Prozent sowie mit jeweils 2,78 Prozent der Escudo, das irische Punt und die Drachme sowie das Pfund Sterling mit 13,88 Prozent.

Das bedeutet zum Beispiel, sänke der Kurs des britischen Pfundes gegenüber der DM um 10 Prozent, dann würde hierdurch - alle anderen Paritäten als unverändert vorausgesetzt - der ECU um nur 1,3 Prozent gegenüber der DM an Wert verlieren.

Um das System am Funktionieren zu halten, wurden die sogenannten Interventionsbandbreiten eingeführt, wobei die Stabilisierung der Wechselkurse mittels oberen und unteren Interventionspunkten geschieht.

Aber die Flucht aus dem Dollar in die DM hat die europäischen Währungen weiter auseinandergetrieben. Neuerdings kommt als Problemfaktor hinzu, daß der Weg zur vielzitierten europäischen Einheitswährung zunehmend länger und steiniger wird. Im März erklärten die Regierungschefs, daß es vor dem Jahr

2002 nicht so weit sei, zuvor war diese auf 1999 terminiert worden.

Statt aufzuschließen, zerfällt die EWS-Karawane in vier Gruppen: Pfund, Lira, Drachme und die beiden neuen, die finnische Marka und die schwedische Krone. Sie nehmen nicht mehr am EWS-Wechselkursmechanismus teil. Die spanische Peseta und der portugiesische Escudo mußten Anfang 1995 eine weitere Abwertung, die dritte seit 1992, hinnehmen und bewegen sich weiter vom Stabilitätskern weg. Für den Stichtag 1. Januar 1997 scheiden sie schon allein wegen der Abwertung als Kandidaten für eine einheitliche Europa-Währung aus.

Die dänische Krone, der französische Franc und das irische Punt notieren zwar deutlich in ihrer alten Bandbreite zur DM, nützen aber nur etwa die Hälfte der neuen Schwankungsbreiten von plus/minus 15 Prozent aus. Der niederländische Gulden und der österreichische Schilling bilden zusammen mit der DM den Hartwährungskern.

Die Devisenhändler erinnern sich natürlich an den Ablauf früherer Finanzkrisen und klopfen dann mächtig drauf. Zum Beispiel denkt der Markt an die Schwäche der italienischen Lira, und nicht umsonst ist die italienische Währung deshalb so schwach. Ihr Kurs wurde nach unten getrieben.

Eine Währungsunion würde über Nacht im gesamten Gebiet gleiche Preise schaffen, aber sie würde nicht die Kostenstruktur revidieren. Das würde letzten Endes bedeuten, daß alle Betriebe, die sich den neuen Verhältnissen nicht schnellstens anpassen könnten, Konkurs machen würden - so wie in Ostdeutschland bei der Wiedervereinigung geschehen.

Die Folgen im Arbeitsmarkt wären verheerend. An den Devisenmärkten würde das Chaos einkehren. Die Produktivität und damit auch die Kostenstrukturen der "peripheren" Länder bleibt hinter denjenigen des industriellen Kernbereichs der Europäischen Union genauso stark zurück, wie das zwischen Ost- und Westdeutschland der Fall ist.

Bislang scheint es so, als ob alle Versuche, ein kleines Bretton Woods mit halbwegs festen Paritäten in Europa zu schaffen, gescheitert sind. Der Devisenhandel wird die Ungereimtheiten auch weiter auszunutzen wissen.

Der Computerhandel: Hexensabbat

Die Segnungen des Computers haben an der Börse erst in den 80er Jahren Einzug gehalten. Was den täglichen Börsenhandel und die Abwicklung der Geschäfte betrifft, so steht man auch 1995 erst noch ziemlich am Anfang. Denn vollwertige, dem Open Outcry gleichwertige Computerhandelssysteme befinden sich erst noch in der Entwicklung. Den funktionsfähigen elektronischen Markt gibt es im großen Umfang praktisch nur im amerikanischen Aktienfreiverkehr Over the Counter (NASDAQ).

Bei den technischen Belangen leistet der Computer sicherlich nützliche Dienste. Den fragwürdigen Part spielt er als fixe Rechenmaschine, deren Ergebnisse ganze Märkte nach oben oder unten in Bewegung setzen können.

Dieser sogenannte Programmhandel funktioniert nach einem einfachen Muster, nämlich dem der Ausnutzung von Preisunterschieden. Häufig sind es ganz einfache Arbitrageprogramme, die von einem Brokerbüro aus gesteuert werden, ohne daß man dazu jemals die Börse selbst betreten haben muß oder ohne von den Aktien und Unternehmen, mit denen man gerade dealt, etwas zu verstehen. In diesen Rechenkunststücken sind wiederum die "Golden Boys" Spezialisten.

Die beste Rennstrecke für die Programmhändler ist die Distanz zwischen New York/Wall Street und Chicago mit seinen Terminmärkten, zum Beispiel für

Aktien, Aktienindices, Zinstitel und Währungen sowie den Optionen und Futures darauf.

Bei Aktien in New York resultiert aus der Orderlage, der Summe von Käufen und Verkäufen, der jeweilige Stand des Dow Jones oder des Standard & Poor's Aktienindexes. Das Resultat ist das Ergebnis von Kundenorders und stellt insofern eine reale Grundlage der gegenwärtigen Einschätzung des Marktes dar, die zumeist aus den Gewinnen bei den Unternehmen (ob sie steigen oder fallen) resultiert. Es ist die Tagesaktualität.

In Chicago hingegen erfolgt die Preisentwicklung ebenfalls aufgrund der täglichen Orderlage, aber was dort ge- und verkauft wird, sind Meinungen zu einer bestimmten Entwicklung auf Termin. Auch daraus resultieren aktuelle Indexstände, die parallel zur Wall Street ermittelt werden und permanent bei den Rechenkünstlern in den Brokerbüros einlaufen.

Ist die "Meinungsorderlage" in Chicago besser als die "Realorderlage" an der Wall Street, so wird der entsprechende Terminindex in Chicago höher notieren als der Kassa- bzw. Tagesindex in New York. Dies veranlaßt die Milliardenzocker dazu, daß sie in New York die Aktien des in Chicago gerade höher gehandelten Terminindexes kaufen und über den Terminindex selbst wieder verkaufen.

Solche Preisunterschiede müssen sich natürlich lohnen. Wenn der sogenannte Spread zu klein ist, findet kein Programmhandel statt. Je größer die Differenzen zwischen den Tages- und Terminmärkten, also den Kassa- und Terminmärkten, aber wird, desto interessanter wird die Profitmöglichkeit. Aber hier liegt die Gefahr der Übertreibung. Der Terminmarkt kann auch den Kassamarkt nach oben und nach unten ziehen, ohne daß im Extremfall eine von realem Kundeninteresse untermauerte Orderlage vorliegt.

Es sind also reine Computerrechenkunststücke, die die Märkte bewegen, und insofern beklagen die Warner immer wieder gerne die Zahlengläubigkeit der Akteure.

Ein beliebtes Vehikel, um an den Schwankungen des Dow Jones Indexes teilzunehmen, war lange Zeit der Major-Market-Index (MMI), der 20 der 30 im Dow Jones repräsentierten Werte enthält. Der Dow Jones selbst ist von seinem Eigentümer, der Dow Jones Company, nicht zum Terminhandel freigegeben.

Die Gefahr besteht nun darin, daß ein tendenziell schwach gestimmter Terminmarkt, abgekoppelt von der realen Orderlage eines Aktienmarktes, die Kurse an den Kassamärkten in einem Strudel mit nach unten ziehen könnte und damit einen Crash einleiten könnte, der sich sozusagen selbst verstärken würde, weil auf schwache Notierungen am Terminmarkt schwache Notierungen an den Kassamärkten folgen. Denn dort würden die Akteure in computerschneller Kenntnis der neuen Lage ebenfalls mit panikartigen Verkäufen beginnen. Daraufhin würde der Terminmarkt wieder auf die schwachen Kurse an den Kassamärkten reagieren, und es entstünde eine Kettenreaktion - letztendlich nur entstanden aus dem Ergebnis rechnerischer Abfolgen. Es wäre theoretisch möglich, daß dahinter nicht eine einzige reale Kundenorder stecken müßte.

Besonders berüchtigt sind jene Börsentage, an denen die Liquidationen für Optionen und Terminengagements ansteht. Da schwanken die Indices besonders stark, und es hat sich dafür der Begriff "Hexensabbat" ("Witch-Hour", also "Hexenstunde") eingebürgert. In Zeiten der Computerisierung und Online-Verbindungen gibt es zahlreiche Möglichkeiten, praktisch überall mitzumischen - und entsprechend viel zu bewegen.

Diese Gefahr wurde anläßlich des Aktiencrashs an der Wall Street 1987 erkannt, und deshalb wird heute der Programmhandel bei größeren Bewegungen als 50 Punkte im Dow ausgesetzt. Das bedeutet, daß programmgesteuerte Kauf- und Verkaufaktionen an den Börsen dann nicht ausgeführt werden.

Indessen bewahrt auch diese Vorsichtsmaßnahme die Finanzmärkte nicht vor einem Crash, denn wenn die Kundschaft selbst in Form realer Orders Aktien zum Verkauf stellt oder aber auch Dollar, DM und Pfund oder die Derivate darauf, dann kracht es trotzdem.

Es sei denn, die Verantwortlichen würden ein generelles "Stop-Trading" erlassen, dies aber würde wiederum die Funktionsfähigkeit der Finanzmärkte generell in ein schlechtes Licht rücken.

Machtlose Kontrolleure

Risikomanagement ist gefragt

Noch ist der Super-Gau im Finanzsystem ausgeblieben. Offiziell geben sich die Banker bislang betont cool. Ausfall und Marktrisiken wie die plötzlichen Zinsänderungen 1994 gab es schon immer, spielte etwa der Bayerische Vereinsbank-Vorstand Norbert Juchem das Problem herunter.

Die Banker wissen aber ziemlich genau um die Hebelwirkung und die Komplexität der zusammengesetzten Positionen. Für manche Positionen in den Tradings-Books braucht selbst der Kenner Stunden, um das Risiko abzuschätzen. Inzwischen setzt sich die Erkenntnis durch, daß eine schärfere Kontrolle vor allem im Interesse der Beteiligten ist. Risikomanagement wird zum Wettbewerbsfaktor ersten Ranges. Barings gab den Anstoß. Die Wirtschaftsprüfer, die sich gerne allwissend geben, müssen hierbei ebenfalls dazulernen. Denn wer kennt sich schon mit Fachbegriffen von der Rentenbarwertformel bis zu den Feinheiten der Wahrscheinlichkeitsrechnung aus?

Für ein umfassendes Risikomanagement sind die klassischen Kontrollverfahren kaum geeignet. Die großen Investmentbanken bauen deshalb gigantische Computersimulationsprogramme auf. J. P. Morgan erfaßt täglich das Gesamtrisiko von sieben Geschäftsbereichen an 14 verschiedenen Orten von insgesamt 120 Risikohandelseinheiten mit 20000 Transaktionen und einem Volumen von über 50 Milliarden Dollar.

Das Barings-Debakel zeigt auch, wie überfordert nationale Aufsichtsbehörden im Zeitalter zunehmender Globalisierung sind. In Tokio hatte der Chef des Wertpapierbüros der Regierung, Sohei Hidaka, nach eigenen Worten keine Vorstellung davon, wie groß die Positionen des Nick Leeson in Singapur waren. Zwar schnappte auch die zuständige Abteilung des japanischen Finanzministeriums frühzeitig Marktgerüchte auf, daß sich das britische Wertpapierhaus Barings über die Tochtergesellschaft in Singapur mit ungewöhnlich vielen Futures und Optionen auf den Nikkei-225-Index eingedeckt hatte, aber das Debakel nahm trotzdem seinen Lauf.

Ironie des Schicksals: In Japan ist der Handel mit Derivaten im Vergleich zu anderen Weltfinanzzentren noch unterentwickelt. Zahlreiche geschäftliche Beschränkungen und halboffizielle Vorschriften des stockkonservativen Finanzministeriums schränken wilde Spekulationen ein. Hohe Gebühren in Japan machen viele Transaktionen einfach zu teuer und damit uninteressant. Das Geschäft mit den Futures verlagerte sich deshalb immer stärker nach Singapur, wo es für Derivate kaum gesetzliche Beschränkungen gibt. Die Anzahl finanzieller Unfälle seit 1994 ist augenfällig. Sogar der große Fondsmanager George Soros verlor 600 Millionen Dollar, indem er die Stärke des Yen falsch einschätzte.

Es stellt sich auch die Frage, ob nicht angesichts des vielen leicht verdienten Geldes in den 80er und 90er Jahren das Risiko und der Wert solcher Anlagen falsch eingeschätzt werden - sei es aus Sorglosigkeit oder aus dem Irrglauben heraus, daß alles beherrschbar sei.

In Zeiten des "Turbomoney" mit Optionen, Futures und Swaps kann schneller etwas schiefgehen, als die meisten einzuräumen bereit sind.

Wie ein Crash entsteht, schilderte Sir James Goldsmith am 9. Mai 1987 im französischen Magazin L'Express. Er warnte davor, daß es ohne engere weltweite Zusammenarbeit zur Stabilisierung der Märkte vor Ende des Jahres einen größeren Crash geben würde. "Es war mir klar, daß der Markt in eine explosive Phase eintreten würde." Die Leute hatten vergessen, daß es abwärtsgehen konnte. Am Montagmorgen des 19. Oktober 1987 begann in Tokio ein hektischer Aktien- und Dollarverkauf, während New York noch schlief. Der Verkauf setzte sich in Sydney und Hongkong fort. Als London öffnete, wurden amerikanische Aktien zu Schleuderpreisen gehandelt, und als New York aufmachte, hatte der Steppenbrand schon um sich gegriffen.

Die computergestützten Programme erzeugten einen großen Teil der Panik. Drei von ihnen verkauften Aktien im Wert von fast 2 Milliarden Dollar, 10 Prozent des täglichen Gesamtvolumens.

Eine Handvoll großer Anleger, so stand hinterher im offiziellen Brady-Report, gab den Ausschlag für den großen Einbruch. Und die ersten Rückgänge alarmierten schnell das ganze System. Broker hatten erwartet, daß die drei Hauptmärkte Aktien, Termingeschäfte und Optionen getrennt reagieren und so die Bewegungen des anderen ausgleichen würden. Das erwies sich als Irrtum. Als weiter verkauft wurde, sank der Preis der Termingeschäfte, und die Differenz trieb die Akteure dazu, immer mehr Aktien abzustoßen, die Märkte gingen zusammen zu Boden. Noch mehr zu diesem Thema finden Sie im Kapitel Computerhandel: Hexensabbat.

Der Kursverfall betrug letztendlich 23 Prozent. Die Börse Hongkong war sogar für vier Tage komplett geschlossen, und deren Börsenchef, Ronald Li, ein Multimillionär mit guten Geschäftsverbindungen, wurde später verhaftet und mußte vor der Commission of Corruption aussagen, bevor er auf Kaution entlassen wurde. Die Aktien folgten den Terminpapieren im freien Fall. Manche Firmen standen auf der Kippe, doch durch die Intervention der US-Notenbank, Liquidität zur Verfügung zu stellen, ging die Krise vorüber. Ohne Hilfe der monetären Behörden wäre das Chaos ausgebrochen, es war sehr, sehr knapp. Zunächst erschien es so, als ob der Crash von 1987 das Ende einer Ära bedeuten würde, aber das individuelle Vertrauen des Anlegers in die Börsen kam wieder.

Das Münchener ifo-Institut reklamiert bei Derivaten ein mögliches "Marktversagen". Denn die Gewinne eines übermäßig risikofreudigen Spekulanten werden individualisiert, während die Verluste auf die Gläubiger und Anleger einer Bank oder die Gesamtheit der Bankkundschaft abgewälzt werden. Außerdem, und das ist brisant, war der Fall Barings auch Auslöser der verstärkten Abwertung des Pfundes und großer Spannungen im internationalen Währungssystem. Dadurch werden die deutschen Exportchancen auf willkürliche Weise verringert. Und letztendlich könnte dadurch der europäische Konjunkturaufschwung ernsthaften Schaden erleiden.

So wäre es zweckmäßig, die gesamtwirtschaftlichen Kosten der Derivate gegen die Gewinne abzuwägen. Ein Verbot der Finanzinnovation wäre zu extrem, aber ein völliges Laissez-faire ist vielleicht des Guten zuviel.

Diskutiert wird in diesem Zusammenhang auch die Entlohnung der Finanzjongleure. Erfolgt sie nämlich abhängig von den Anlageerfolgen mittels Prämien, so animiert dies zu übermäßig riskantem Investmentverhalten. So rückt in den Handelsabteilungen der Banken der Teamgedanke in den Vordergrund, um gefahrenträchtiges Risikoverhalten auszuschalten. Probleme könnte es dort geben, wo ein Startrader dealt. In solchen Fällen sind die Kontrollabteilungen der Finanzhäuser nicht selten bereit, die Aufsicht laxer zu handhaben und mehr Spielraum zu gewähren.

Auffällig ist, daß fast immer fehlende interne Kontrollen schuld an Pleiten waren und daß die Schieflagen erst aufflogen, als es zu spät war. Und bedenklich ist ebenfalls, daß durchaus markterfahrene Institutionen daran beteiligt waren. Heute werden an den Finanzmärkten Volumina bewegt, die noch vor wenigen Jahren als unvorstellbar galten. Der weitaus größte Teil ist Geld und Kapital auf der Suche nach Rendite und Arbitrage.

Längst ist bekannt, daß in der Händlerszene bei Aktien wie bei Renten als auch insbesondere im Währungshandel des öfteren erhebliche Schieflagen vorkommen, die sich aber im Laufe der Zeit intern bereinigen lassen. Verlieren gehört im Geschäft mit Aktien, Bonds und Währungen und insbesondere mit den Optionen und Futures genauso dazu, wie das Gewinnen. Letztendlich kommt es darauf an, daß die

Gewinnseite einen höheren Saldo aufweist als die Verlustseite.

Der IWF als Feuerwehr

Im Ernstfall soll möglicherweise der Internationale Währungsfonds (IWF) einspringen. Es sollen Schutzwälle gegen die störende Unberechenbarkeit internationaler Kapitalströme errichtet werden, etwa in Form eines kurzfristig verfügbaren Feuerwehrfonds zur Verteidigung der Wechselkurse der Mitgliedsländer, die ungeachtet solider wirtschaftlicher Grundlagen in den Sog der internationalen Spekulation geraten.

Und natürlich wird jetzt auch heiß diskutiert, ob das globale Finanzsystem nicht insgesamt ein neues Krisenmanagement brauche. Im Zusammenhang mit dem Barings-Skandal ist diese Frage besonders virulent gewesen. Bei den Briten und den Deutschen stößt dies jedoch auf Kritik, weil der IWF dann in der Rolle des "Lender of Last Resort" stillhalten würde, und das wäre gleichbedeutend mit einer vollkommenen Risikoabsicherung der Finanzmärkte. Ein rücksichtsloses Verhalten der Investoren würde geradezu herausgefordert.

Der IWF besitzt 103,4 Millionen Unzen Gold, die Unze zu 51,5 Dollar. Das kommt einem Gesamtbuchwert von rund 5,3 Milliarden Dollar gleich. Der aktuelle Marktwert dieses Goldschatzes beträgt nahezu 40 Milliarden Dollar. In der Vergangenheit war der

IWF bei der Schuldenkrise der Entwicklungsländer in den 80er Jahren zur Stelle und Anfang 1995 beim Pesodebakel in Mexiko. Der IWF stellte zusammen mit der BIZ 28 Milliarden Dollar zur Verfügung. Allerdings dienten solche Darlehen dazu, ausländischen Banken, die sich in Lateinamerika verspekuliert hatten, aus der Patsche zu helfen. Nur: Die Feuerwehr wurde immer erst gerufen, wenn das Haus schon brannte.

Der internationale Währungsfonds soll einer Neuorganisation unterzogen werden, denn zur Zeit seiner Gründungsväter gab es noch keine globalen Kapitalmärkte. Der internationale Währungsfonds muß sich deshalb einer veränderten Welt anpassen. Seit der Gründung vor 50 Jahren haben sich die Spielregeln der internationalen Währungsordnung fundamental geändert. Der IWF hat immer noch zu viel Behördencharakter.

Die Aktivitäten des IWF zeigen sich zum Beispiel in dem zweimal im Jahr erscheinenden Weltwirtschaftsausblick "World Economic Outlook". In dieser Analyse der Weltwirtschaft wird sowohl die ökonomische Entwicklung einzelner Länder oder Ländergruppen wie auch die gesamtwirtschaftliche Lage dargestellt.

Die wirtschaftliche Überwachung der Mitgliedsländer hat der IWF seit 1985 verschärft. Er führt einen permamenten Dialog mit seinen Mitgliedern, um alle Bereiche einschließlich der Geldpolitik sowie der Wechselkurse und der Strukturpolitik abzudecken. Das Kapital der sogenannten Sonderziehungsrechte beträgt 135 Milliarden Dollar. Angesichts der größeren Bedeutung der Kapitalmärkte sind viele der 179

Mitgliedsländer mittlerweile der Meinung, daß sich die Sonderziehungsrechte in ihrer derzeitigen Form überlebt haben. Jede neue Finanzkrise aktiviert die Bürokraten in New York und Washington.

Ihre guten Taten werden besonders von den USA immer wieder gepriesen. Auch der Großanleger George Soros hielt es für eine Tatsache, daß ein negativer Ausgang der Mexiko-Krise die ganze Welt in Mitleidenschaft gezogen hätte.

Vor dem amerikanischen Kongreß ging US-Notenbankchef Alan Greenspan sogar noch einen Schritt weiter. Für den Fall nämlich, daß der Kongreß dem von der Administration geforderten Kreditpaket für Mexiko die Zustimmung verweigert hätte, wäre ein Rückschlag für die wirtschaftlichen Reformen in vielen Schwellen- und Entwicklungsländern unvermeidbar gewesen. Für Greenspan stand damit außer Frage, daß es zur sofortigen und mit Dollarmilliarden gespeisten Finanzhilfe keine Alternative gegeben habe.

Allerdings kommt man um die Feststellung nicht herum, daß es sich bei der Geschichte um öffentliche Gelder mit zugegebenermaßen geringem direkten Engagement der Steuerzahler handelte, um internationale Anleger vor größeren Verlusten zu bewahren.

Wenn das US-Schatzamt zusammen mit dem IWF und der BIZ diesen Anlegern größeren Schaden erspart, dann ist dies ein fundamentaler Eingriff in die Funktionsweise der Finanzmärkte. In Mexiko-City sah man den Zustrom der Portfolio-Anlagen als Vertrauensbeweis in die erbrachten Reformen. Dabei wurde jedoch übersehen, daß Portfolio-Anleger nicht unbedingt an einer langfristigen Beziehung, sondern in erster Linie an hohen Renditen interessiert sind. Mexiko war so lange attraktiv, wie es scheinbar risikolos hohe Zinsen anbot.

Der IWF in seiner jetzigen Konstruktion scheint überlastet und seine Abhängigkeit von den USA zu groß.

Im Oktober 1994 mußte der Fonds mit dem Streit zwischen den früheren Oostblockstaaten und den sogenannten klassischen Entwicklungsländern fertig werden, die sich bei der Mittelvergabe vernachlässigt fühlten. Die Hilfsaktion für Mexiko war der mit Abstand größte Einzelkredit in der Geschichte der Organisation. Rußland zeigte zum Beispiel kein Verständnis dafür, daß die Entwicklungsländer im Westen vom IWF an der langen Leine laufengelassen werden. Anhand der Sowjetunion wurde aber ein hartes Exempel statuiert. Denn 6,25 Milliarden Dollar für Moskau wurden an Bedingungen wie schnellste Rückführung der Inflation, Abbau der Staatsverschuldung und rascher fortschreitende Privatisierung geknüpft.

Eine richtiggehende Feuerwehr für krisenhafte Entwicklungen an den Finanzmärkten ist der IWF dennoch noch keineswegs.

Die Zockerstätten

Das Eldorado der Illusionisten

Das Eldorado der Illusionisten heißt Chicago. Das Geschäft mit der Zukunft gedeiht. Zweistellige Wachstumsraten pro Jahr sind keine Seltenheit. Den entscheidenden Aufschwung erlebten die Terminbörsen im Jahr 1972.

Das kleine Terminhandelslexikon kommentiert: "Für die Chicago Mercantile Exchange (CME) erwies sich die Gründung ihrer Tochterbörse International Monetary Market (IMM) als ein wahrer Glücksgriff." In Chicago hatte man damals erkannt, daß die Absicherung der immens wachsenden Währungsrisiken zu einem drängenden Problem geworden war. Mit sieben Devisenkontrakten startete der IMM am 16. Mai 1972 in das Börsenzeitalter für Financial Futures.

Der kräftige Aufschwung der CME mit ihren neuartigen Terminkontrakten ließ die Konkurrenz vor Ort nicht ruhen: Der Chicago Board of Trade (CBOT), die älteste Terminbörse, läutete im Oktober 1975 mit einem Futures-Kontrakt auf Hypothekenzertifikate der Government National Mortgage Association, in der Fachsprache Ginni Mae genannt, die Ära der Zins-Futures ein.

Den besten Griff in den frühen Jahren der Financial-Futures-Expansion taten die CBOT-Verantwortlichen im August 1977 mit der Einführung eines

Terminkontraktes auf US-Staatsanleihen (Treasury-Bonds und T-Bonds). Dieser wird inzwischen an mehreren Märkten rund um den Globus gehandelt und ist auch heute noch zusammen mit dem Euro-Dollar-Zinskontrakt der CME Umsatzspitzenreiter unter den Terminkontrakten. Der Chicago Board of Trade brachte es 1994 auf einen Rekordumsatz in Höhe von 219,5 Millionen Kontrakten, was einer Steigerung von 23 Prozent entspricht.

Auch die Wertpapieroptionsbörsen in den USA, die Chicago Board Option Exchange (CBOE), die American Stock Exchange (AMEX), die Philadelphia Stock Exchange (PHLX) und andere berichten von kräftig gestiegenen Volumina. Allein die weltgrößte Optionsbörse CBOE konnte ihre Umsätze um 31 Prozent auf das Rekordniveau von 193,9 Millionen Kontrakte steigern.

Auch die Deutsche Bank setzt auf das Geschäft mit der Spekulation. Die Deutsche Bank Futures Corporation (DBFC) ist Clearing-Mitglied am Chicago Board of Trade und an der Chicago Mercantile Exchange. Die Aktivitäten in den Derivate-Mekkas wurden Ende 1994 aufgenommen. Dabei hat die Deutsche Bank Futures Corporation am CBOT drei und am CBOE sieben Sitze erworben.

Die Mercantile Exchange war die größte Rohstoffbörse der Welt. Dort wird Weizen schon verkauft, wenn sich gerade mal die ersten Halme zeigen. Die Brotfabriken decken sich dann mit Mengen ein, von denen sie nicht wissen, ob sie sie überhaupt eines Tages verbacken. Ähnliches gilt für Minenbesitzer und Metallhändler. Die Kapitalanleger mischen in diesem Geschäft mit, obwohl sie niemals die gekauften Mengen Kupfer, Blei oder Mais gebrauchen können. 1972 wurde das Prinzip des Warentermingeschäfts auf die Produkte der Finanzwelt übertragen: Der Run auf die Futures begann.

Europa hat die einst große Derivate-Lücke zu den USA inzwischen verringert. Die über das London Clearing House von verschiedenen Terminbörsen abgewickelten Kontrakte lagen 1994 um 40 Prozent höher. Über eine mehr als 50prozentige Umsatzexplosion berichtet die London International Financial Futures and Options Exchange (LIFFE). Sie hat ihre Spitzenstellung in Europa vor Frankreichs Marché International de France (MATIF) und der Deutschen Terminbörse (DTB) in Frankfurt ausgebaut.

Auch im laufenden Jahr können die Zukunftsmärkte auf neue Umsatzrekorde hoffen. Diese Prognose hat vor dem Hintergrund der zunehmenden Internationalisierung der Finanzwelt und der angekündigten Pläne zur Ausweitung der Produktpaletten durchaus Substanz. So hat zum Beispiel die Sydney Futures Exchange (SFE) über die Einführung eines Kohletarifvertrages nachgedacht. Australien hat im letzten Fiskaljahr Kohle im Wert von 2,7 Milliarden australischen Dollar exportiert. In jüngster Zeit werden vermehrt innovative Warenkontrakte für die Agrarwirtschaft diskutiert.

Die im Jahr 1984 gegründete Sinpagur International Monetary Exchange (SIMEX) hat ihre Umsätze in Futures und Optionen bis 1994 um 53 Prozent auf das historische Rekordvolumen von 24,06 Millionen Kontrakte gesteigert.

Ein hoher Zuwachs ist auch der Deutschen Terminbörse in Frankfurt gewiß. Das erfolgreichste

Produkt sind die Optionen auf den Deutschen Aktien-Index (DAX). Mit einem Handelsvolumen von 93,2 Millionen Kontrakten machen DAX-Optionen fast 40 Prozent des Geschäftes aus.

Beim DAX gibt es mittlerweile schwindelerregende Börsenfahrten. Kurz vor Jahresende 1993 war der Terminkontrakt auf den Deutschen Aktien-Index vorbörslich bis auf 2331 Punkte gestiegen, um dann über 100 Punkte auf 2215 Punkte zurückzufallen. Bis zum Schluß der Präsenzbörse kam es dann zu einer erneuten Bergfahrt mit 2270 Punkten. Ähnlich verlief die Entwicklung des Kassa-DAX, also des Kursindexes während der Parkettbörsenzeit. Ausgehend von einem Vortagsschluß von 2254 Punkten raste er bis 2284 Punkte hinauf, sackte dann wie ein Stein bis auf 2220 ab, um mit 2242 zu schließen.

Die großen Schwankungen haben mit den fundamentalen Gegebenheiten oder der Gewinnsituation der Unternehmen nicht mehr das Geringste zu tun. Auch das Jahresende mit seinen traditionellen Ausschlägen würde die Präsenzbörse nicht allein derart in Veitstänze versetzen. Nach Meinung der Marktteilnehmer war dies eindeutig die Ausstrahlungskraft der derivativen Geschäfte, die die Börse derart erzittern ließ. Da manche Papiere im Index ein großes Gewicht haben, genügt es, ein halbes Dutzend DAX-Titel zu erwerben oder zu verkaufen, um eine Performance wie der ganze DAX zu erreichen. Das ist der sogenannte Körbchenhandel.

Schon längst sind die gewiefteren Marktteilnehmer dazu übergegangen, Maßanzüge zu fertigen. Dazu gehören die Optionen- und Terminkontrakte außerhalb der Börse am sogenannten Over-the-

Counter-Markt. Die Teilnehmer, etwa an der Präsenzbörse, werden darüber nicht informiert, weder zeitgleich noch später, und das ist auch der Grund, warum manchmal der Schwanz mit dem Hund wackelt - und nicht umgekehrt, also die Terminkurse den gesamten Aktienmarkt beeinflussen.

Konkurrenten in Europa

In Europa ist der deutsche Bund-Future neben dem Terminkontrakt auf französische Staatsanleihen (Notional) das am meisten gehandelte Finanzprodukt. Die Umsätze in Notional-Futures stiegen um 36,3 Prozent auf mehr als 50 Millionen Kontrakte, und davon profitierte die französische Terminbörse MATIF. Sie steigerte ihren Gesamtumsatz um knapp 30 Prozent und vergrößert damit ihren Abstand zur DTB in einzelnen Produkten weiter.

Sinnigerweise tätigt die LIFFE die höchsten Umsätze mit den Terminkontrakten auf deutsche Bundesanleihen. Die Deutsche Terminbörse in Frankfurt, eigentlich die Heimatbörse für den Bund-Future, setzte nur 14,2 Millionen gehandelte Kontrakte um. Die Anzahl hat sich zwar von 1993 auf 1994 verdoppelt, aber mit einem Umsatzanteil von 73 Prozent im gesamten Jahr 1994 hat die LIFFE ihren Vorsprung gegenüber der DTB mit 23 Prozent gehalten.

Die Geschichte der Deutsche Börse AG, Frankfurt, ist nicht nur eine Erfolgsstory. Es könnte nämlich sein, daß an der Terminbörse über den langfristigen Bund-Kontrakt (Buxl) der Stab gebrochen wird. Ferner gestaltet sich die Zusammenarbeit mit der Börse in Paris zäher als erwartet. An der Seine liebt nicht jeder die Kooperation mit den Deutschen.

Schwierigkeiten gibt es auch bei der geplanten Zusammenarbeit mit der Pariser Börse und dem französischen Terminmarkt Matif (Marché à terme international de France). Von einem gemeinsamen Handelssystem wird zwar gesprochen, doch hat sich jüngst das zuständige Gremium in der französischen Hauptstadt nicht auf zwei Terminprodukte einigen können, die mit jenem System zu handeln wären.

Nicht zuletzt kleinere Marktteilnehmer sollen mit der Begründung in die Opposition gegangen sein, daß man ja noch nicht einmal über das nötige Personal verfüge.

Im Dezember 1993 war ein Agreement getroffen worden, wonach im ersten Quartal 1995 aus den vier Produkten CAC 40-Future, ECU-Future, Pibor-Future und dem Kontrakt auf mittelfristige Staatsanleihen zwei zum Handel über das DTB-System ausgewählt werden sollten. Dafür ist das Jahresende 1995 ins Auge gefaßt worden, was aus technischen Gründen bedeutet, daß man sich bis Oktober über die Auswahl einigen muß. Quasi um die Wogen zu glätten, laufen parallel dazu lose Gespräche auf höchster (Börsen-)Ebene über die Zusammenarbeit der beiden Börsenkomplexe, wobei es um grundsätzliche Dinge geht, wie etwa die Vernetzung von Systemen oder die Öffnung der Märkte an sich.

Im Grunde, so lassen Insider verlauten, sind die jetzt offenkundig gewordenen Querelen vordergründig. Eigentlich gehe es den Franzosen darum, dem deutschen Partner das eigene Verfahren, nämlich das CAC-System, in etwa das Äquivalent zum DAX, zu verkaufen. Damit können sich indessen die Deutschen zumindest auf den ersten Blick nicht anfreunden. Man blickt nämlich seit geraumer Zeit nach Süden und liebäugelt mit dem Elektronischen System Schweiz, das bei den Eidgenossen den Parketthandel ablösen soll. Freilich: Die Einführung in die Praxis ist dort jüngst ein weiteres Mal verschoben worden.

Der aktivste Kontrakt an der Deutschen Terminbörse ist, wie bereits gesagt, die DAX-Option mit 40 Prozent Anteil an den Termingeschäften. Der Wachstumsprozeß ist teilweise stürmisch, befindet die Bundesbank. Seit Eröffnung der Deutschen Terminbörse DTB 1990 haben die Kreditinstitute das Volumen der derivativen Geschäfte 1995 auf rund 8300 Milliarden DM glatt verdreifacht.

Im Juni 1994 entsprach das Geschäftsvolumen bei Bund-Futures - nur eines von vielen Instrumenten - einem Anleihevolumen von fast 90 Milliarden DM.

Schon das volle Risiko dieser Hebelgeschäfte ist für den einzelnen kaum mehr überschaubar. An einem einzigen Tag schnellte der Kurs des Bund-Futures um zwei volle Punkte in die Höhe. Das bedeutete bei Firmenkunden, die auf fallende Kurse gewettet hatten, daß sich die Sicherheitsleistung in wenigen Stunden in nichts aufgelöst hatte und der Einschuß gar nicht ausreichte, um den ganzen Tagesverlust abzudecken.

In Frankfurt geht die größte Ausstrahlung auf die Stimmung der Wertpapierhändler meist vom Bund-Future aus. Dieser Zinsterminkontrakt, der mit den sogenannten Fibor, Bobbel- und Buxl-Futures mittlerweile Geschwister aus dem festverzinslichen Bereich mit anderen Laufzeiten hat, bietet den Anlegern die Möglichkeit zur Absicherung von Zinsänderungsrisiken. Zudem können Investoren damit Zinserwartungen profitabel in Anlagestrategien umsetzen, also auf eine Veränderung des Renditeniveaus spekulieren. Profis versuchen schließlich, durch parallele und sich ausgleichende Engagements an den Kassa- und Terminmärkten in Bundesanleihen die möglicherweise bestehenden Preisunterschiede mittels Arbitrage auszunutzen. Die herausragende Rolle der Bund-Futures wird nicht zuletzt durch den internationalen Wettbewerb der Marktplätze bestätigt.

Die London International Financial Future Exchange (LIFFE) hatte schon vor der Deutschen Terminbörse diesen DM-Terminkontrakt auf ihre Palette genommen. Sie war nämlich den deutschen Börsenstrategen zuvorgekommen. In London wird auch heute noch der Löwenanteil gehandelt. Die LIFFE meldete für 1994 einen Bund-Future-Umsatz von 37,3 Millionen Kontrakten, an der DTB waren es nur rund 14,2 Millionen Kontrakte.

Der Bund-Future ist ein synthetisches Produkt auf Bundesanleihen mit einem Nominalwert von 250000 DM. Beim DAX-Future wurden per Februar 1995 täglich etwa 20 DAX-Futures-Kontrakte abgeschlossen. Wenn dafür eine Basis von 2100 DAX-Punkten vereinbart wurde, betrug der Wert eines Kontraktes 210000 DM. Die Deutsche Terminbörse verlangt gegenwärtig dafür eine Sicherheit von 13000 DM. Sie kann durch Hinterlegung von Wertpapieren oder von Bargeld geleistet werden.

Neuerdings gibt es sogar Derivate auf die Kunst - sogenannte Art-Swaps zum Beispiel auf den FAI-Art-Security-Index (Fine Art Investments Ltd.). Der Gedanke, der dahintersteht, ist, daß sich in den Aktienkursen von börsennotierten Kunsthändlern und Auktionshäusern wie Sotheby's oder Christie's die Schwankungen der Kunstpreise niederschlagen. Dementsprechend kann der Sammler mit Optionen auf den FAI-Art-Security-Index dank Hedging auch Volatilität und Risiken seines Kunstportefeuilles reduzieren, so daß auf die an sich nicht verzinsten Kunstwerke laufend Erträge erzielt werden können.

Deutschlands Geldadel regiert in Frankfurt. Dort entscheiden die Deutsche Bundesbank und künftig auch die Europäische Notenbank über die Höhe der Zinsen, Mainhattan ist Sitz der viertgrößten Aktienbörse der Welt und einer wichtigen Terminbörse auf dem Kontinent. In Frankfurt residiert der expansivste Zweig der Geldwirtschaft, die Investmentbranche. Dennoch ist Frankfurt nur eine fast zweitklassige Moneymetropole.

Dazu erhält Frankfurt zunehmend von Paris Konkurrenz. Bei Aktien führt, gemessen an der Börsenkapitalisierung, die New York Stock Exchange mit etwa 4200, vor Tokio mit 3500, London mit etwa 1100, gefolgt vom amerikanischen NASDAQ mit etwa 800 und Frankfurt sowie Paris gleichauf mit je 450 Milliarden Dollar.

Viele Staaten, in denen bislang der Börsenterminhandel kaum eine Rolle spielte, entdecken nun eine Vorliebe für den Wachstumssektor Derivate. Mittlerweile bieten fast alle europäischen Länder die Möglichkeit zum Zocken per Termin an, so zum Beispiel auch in Belgien die BELFOX (Belgien Future and Options Exchange).

Im fernen Tokio zählt der Euro-Yen-Terminkontrakt zu den liquidesten und meistgehandelten Futures der Welt.

Internationale Terminbörsen

Gehandelte Kontrakte von Januar bis Dezember 1994 (Anzahl in Millionen - Futures und Optionen)

CME Chicago	226,3
CBOT Chicago	219,5
LIFFE London	153,0
MATIF Paris	93,1
TIFFE Tokio	74,1
DTB Frankfurt	59,2
OM Stockholm	32,0
SFE Australien	27,2
EOE Niederlande	13,8

Quelle: DTB

Außerbörsliche Märkte: Die diskrete Explosion

Bemerkenswert an den Umsatzrekorden ist, daß die internationalen Terminbörsen in einer von Unsicherheit geprägten Finanzwelt auf der Welle des Erfolges schwimmen. Andererseits ist dies durchaus verständlich, denn in unruhigen Börsenzeiten kommen die zahlreichen Aspekte des Risikomanagements besser zur Geltung. Das dafür notwendige Instrumentarium wird von immer mehr Terminbörsen rund um den

Globus zur Verfügung gestellt. Und die Beliebtheitskurve dieser Vehikel zeigt ungeachtet der vielen Derivate-Skandale weiter nach oben.

Letztlich spielt die Volatilität der Zinsen, Aktien und Währungen die entscheidende Rolle: Diese Bewegungen sind selber der Auslöser und Initiator für neue Produkte am Derivate-Markt.

Entscheidende Impulse gingen zum Beispiel 1994 vom weltweiten Debakel an den Anleihemärkten aus. Kräftig steigende Zinsen sorgten dafür, daß Zins-Derivate einen neuen Boom erlebten. Die meisten Marktteilnehmer hatten damit gerechnet, daß die Zinsen fallen würden.

Zu einem besonders umfangreichen Segment mit sehr hohen Wachstumsraten entwickelte sich der außerbörsliche Handel - der Over the Counter (OTC) - mit Finanz-Derivaten aller Art.

Nur etwa 10 Prozent aller Geschäfte werden über organisierte Terminbörsen abgeschlossen, der Rest läuft in direktem Handel zwischen den Banken. In diesem außerbörslichen Geschäft hängt es allein von der Zahlungsfähigkeit eines Marktteilnehmers ab, ob die eingegangenen Verpflichtungen letztendlich erfüllt werden.

Organisierte Handelsplätze wie die Deutsche Terminbörse dagegen garantieren dies für alle Geschäfte, auch wenn eine beteiligte Adresse zahlungsunfähig wird. Dazu haben die DTB und andere Terminbörsen einen Haftungsfonds eingerichtet. Auch die SIMEX, an der Leeson handelte, war entsprechend abgesichert. Sie mußte nach der Barings-Pleite die vor Ort vertretenen Banken mit umgerechnet 500 Millionen Dollar in Anspruch nehmen.

Der große Vorteil der Terminbörsen ist die Eliminierung des Ausfallrisikos. Einige Börsen versuchen, den Marktteilnehmern am Freiverkehrsmarkt ihr Clearing-System zur Erfassung und Abrechnung von OTC-Kontrakten zur Verfügung zu stellen. Und es gibt auch Überlegungen für ein globales Clearing-System, in dem die traditionellen Terminbörsen und der umfangreiche OTC-Markt zusammen erscheinen - in einem Welt-Clearing-House.

Das starke Wachstum der an den ungeregelten Märkten gehandelten Finanz-Derivate bereitet den Aufsichtsbehörden zunehmend Kopfzerbrechen. Insbesondere vor dem Hintergrund der Tatsache, daß es bei der Harmonisierung von aufsichts- und kontrollrechtlichen Bestimmungen nur zögernde Fortschritte gibt. Der boomende Markt für OTC-Derivate funktioniert weitgehend unkontrolliert, und er ist für die Öffentlichkeit wenig transparent. So gilt er den kritischen Experten als möglicher Auslöser einer Finanzkrise.

Die Komplexität neuer Produkte und die Aktivitäten der mißtrauisch beäugten Hedge-Fonds, die mit kreditfinanzierten Derivaten oftmals einen doppelten Hebeleffekt zu erzielen versuchen, sind nach Meinung der Behörden besonders genau im Auge zu behalten. Andererseits wissen die Finanzprofis, daß alle in diesen OTC-Produkten aktiven Marktteilnehmer das Bonitätsrisiko des Vertragspartners in Kauf nehmen. Jedoch hat der weltweite Interbanken-Markt bisher bemerkenswert reibungslos funktioniert, und er besitzt eine hohe Liquidität.

Alle Terminbörsen denken über Expansion und neue Produkte nach, mit denen sich der Umsatz noch steigern läßt. Der Wettbewerb ist hart. So ist es den in der Finanzhauptstadt New York ansässigen Börsen nicht gelungen, die Optionen- und Futures-Hochburg Chicago von Platz eins in den USA zu verdrängen.

Die erst 1979 ins Leben gerufene New York Future Exchange (NYFE) konnte trotz so interessanter Produkte wie Derivate auf den NYSE-Composite-Index und auf den CRP-Rohstoffindex nicht zur Spitze aufschließen.

Dafür schnappten die jüngeren Zockerstätten den US-Plätzen so manches Geschäft weg. Der Anteil der US-Futures-Märkte am globalen Terminbörsenumsatz schrumpfte von 82 Prozent im Jahre 1984 auf nur 61 Prozent in 1994. Im pazifischen Raum entstanden mit der SIMEX in Singapur, der HFE - Hongkong Future Exchange -, aber auch der New Zealand Future and Option Exchange (NZFOE), eine Tochtergesellschaft der Sydney Future Exchange, zunehmend Konkurrenz. Australischen Brokerhäusern ist der elektronische Zugang zu den Produkten der NZFOE, wie zum Beispiel Futures und Optionen auf 90tägige Schatzwechsel, auf drei- und zehnjährige Staatsanleihen sowie den Futures auf den 40 neuseeländische Werte umfassenden Aktienindex-Handel möglich.

Der Trend geht zu leichteren Kontrakten. Darunter sind Futures und Optionen mit geringem Preiswert zu verstehen. Sie sind auch für die weniger zahlungskräftige Kundschaft erschwinglich. Für den risikofreudigen Privatinvestor sind Terminmarktfonds die Ferraris der Geldanlage. Ein Plus von 85 Prozent in drei Jahren oder 350 Prozent in fünf Jahren werden als Traumergebnisse präsentiert. Die Terminprodukte sind hochbegehrt. Als das Investmenthaus Dean Witter seinen ersten Fonds mit Garantie auflegte, waren innerhalb von vier Stunden 250 Millionen Dollar plaziert. Und geradezu inflationär ist der Zuwachs mit Optionsscheinen aller Art für die Privatkundschaft. Sie entwickelten sich zu den beliebtesten Spekulationsvehikeln für den "kleinen Mann". Der hat dabei in den vergangenen Jahren meist fürchterlich draufgezahlt.

Bei Finanzinnovationen gibt es eine Fülle von Anlagemöglichkeiten. Im Vordergrund stehen die Zins- und Währungsoptionsscheine, die in den letzten Jahren in großer Zahl emittiert wurden und wegen des geringen Einsatzes - sie kosten oft nur 2 oder 3 DM das Stück - einen vermeintlichen schnellen Gewinn bei limitiertem Risiko verheißen.

Die Spekulation mit der Zukunft findet wie gesagt in Kontrakten mit Weizen, Schweinebäuchen, Aktien, Devisen, Erdöl und Gold statt. Wer den Trend richtig einschätzt, kann den Einsatz binnen weniger Monate verdoppeln oder vervielfachen.

Als die Kurse beim berühmten Börsencrash im Oktober 1987 weltweit um über 50 Prozent in die Knie gingen, verbuchten die amerikanischen Futures-Fonds ein Plus von durchschnittlich 39 Prozent.

Vor 40 Jahren wurde das erste Terminmarktkonto eröffnet. Inzwischen haben die US-Future-Fonds mehr als 20 Milliarden Dollar gebunkert, die Japaner sind mit 2 Milliarden Dollar dabei.

Wer die tägliche Wertentwicklung verfolgt, braucht starke Nerven. Die deutschen Investmentmanager fassen diese Instrumente nur zaghaft an, obwohl es inzwischen eine ganze Reihe von Anlagen gibt, die dem sicheren Bestandteil eine Risikokomponente beifügen. Ende 1993 hatte die Deutsche Bank mit dem in Luxemburg installierten FOREX einen solchen Fonds im Angebot. Bis zu 25 Prozent der Kundengelder werden inzwischen in Warentermingeschäften eingesetzt.

Aber nicht nur die Finanztitel-Derivate liegen im Trend. Auch die Umsätze mit Rohstoff-Derivaten erfreuen sich zunehmender Beliebtheit. Die unberechenbaren Rohstoffpreise fordern zu immer mehr Absicherungsmechanismen geradezu heraus.

In den USA sind die Umsätze in Finanz- und Rohstoff-Derivaten nach einer Veröffentlichung der Futures Industry Association (FIA) 1994 um 26 Prozent auf insgesamt 658,5 Millionen Kontrakte gestiegen.

Die New Yorker NYMEX (New York Mercantile Exchange) ist nach der Übernahme der COMEX (Commodity Exchange) der größte Handelsplatz mit Rohwaren. Dort zu agieren muß offensichtlich lukrativ sein: Für einen Sitz an der NYMEX - die Erlaubnis zum Handeln - mußten die Teilnehmer 1995 den Rekordpreis von 525000 Dollar zahlen.

Einen Tag nach der Übernahme hat die NYMEX den Bau eines neuen Börsengebäudes in Manhattan angekündigt. Der 20stöckige Börsenturm wird zwei Säle für den Open-Outcry-Handel mit jeweils mehr als 2000 Quadratmeter Fläche beherbergen. In der New York Mercantile Exchange hat die Computertechnik noch weniger Bedeutung. Denn wie vor 100 Jahren stehen die Händler dicht an dicht im Kreis, brüllen aus Leibeskräften in die Runde, werfen ihre Arme wild in die Luft, winken mit den Händen und mit Fingerzeichen und notieren auf Zetteln Geschäfte, die Millionen wert sind.

Die Kosten für den Börsenturm neben dem World Financial Center sind auf 225 Millionen Dollar, rund 350 Millionen DM, veranschlagt.

Die NYMEX ist seit jeher die größte Börse für Rohöl und andere Energiekontrakte der Welt. Ferner werden an ihr Platin- und Palladiumkontrakte gehandelt. Die COMEX ist ein Handelsplatz für Gold-, Silber- und Kupferkontrakte.

Auch in Deutschland wird eine Warenterminbörse den Handel aufnehmen, vermutlich in Hannover. Nach Erhebung des "Fördervereins" könnten schon im ersten Jahr mehr als 300000 Kontrakte umgesetzt werden, überwiegend mit Agrarprodukten - Weizen, Kartoffeln und Braugerste, aber auch Schweinen.

Die Terminmärkte im Kreuzfeuer der Kritik

Die US-Terminmärkte gerieten in der Vergangenheit mehrmals in die Schußlinie, weil die offiziellen Stellen ihnen vorwarfen, Mitauslöser des Crashs im Jahr 1987 gewesen zu sein und zum anderen nicht genügend gegen Betrügereien und Manipulationen von Börsenteilnehmern getan zu haben. Der daraus entstandene Streit ist noch nicht beigelegt.

Nach Meinung des SEC-Vorsitzenden Arthur Levitt haben die computergesteuerten Programme zwar die Effizienz des Handels erhöht, gleichzeitig haben sie aber auch erheblichen Einfluß auf den Trend der Märkte. Die zunehmende Zahl des Programmhandels und die unterschiedliche Art seiner Steuerung besitzt das Potential, entscheidende Einwirkungen auf die Börsentendenz zu haben. Die Securities and Exchange Commission hat deshalb entschieden, daß sie Angaben über die Teilnehmer an den Programmen, den Umfang der Geschäfte und die Art der Transaktionen verlangen wird. Mehr zum Geschäft per Computer erfahren Sie weiter unten.

In Amerika gelten die Vorschriften sowohl für das NASDAQ-System der National Association of Securities Dealers sowie für die Broker an den regulären Börsen und die meisten Vermögensverwaltungen. NASDAQ ist ein vollelektronisches System, über das in den USA der Aktienfreiverkehr läuft.

Auch an der deutschen Terminbörse gibt es immer wieder Gerüchte über angebliche Schieflagen oder nicht erfüllte Sicherheitsleistungen. Sie entstehen schon, wenn die Terminbörse die Handelszeit für aktienbasierte Produkte um eine Stunde verlängert. Am 10. März 1995 veröffentlichte das Handelsblatt eine Agenturmeldung, in der der Name S. G. Warburg im Zusammenhang mit einschlägigen Börsengerüchten genannt wurde. Der Aktienkurs der Merchantbank geriet daraufhin zeitweise unter Druck. In London, Frankfurt und Hamburg wurden alle Vermutungen aber scharf zurückgewiesen.

Auch nach dem Barings-Debakel kamen die Terminmärkte ins Kreuzfeuer der Kritik - wie könnte es anders sein? An ihrer weiteren Expansion wird dies indessen nicht viel ändern.

Der Drang nach London

London gewinnt

Die Banker und Broker, die die Milliardengeschäfte bewegen, benötigen natürlich einen entprechenden Resonanzboden. In erster Linie entsteht er dort, wo man für seine Geschäfte genügend Ansprechpartner findet. Je mehr es davon gibt, desto vielfältiger entwickeln sich die Möglichkeiten. Es entstehen liquide Märkte, und diese bieten wiederum die besten Voraussetzungen für die Entfaltung. Natürlich zieht es die Golden Boys an solche Plätze, an denen sie selbst auch etwas bewegen können. Und einer der besten Plätze hierfür ist heute sicherlich London.

Für große Kapitalmarkttransaktionen ist der Zutritt zu amerikanischem und britischem Anlagekapital zum entscheidenden Faktor geworden. In London wollen die Universalbanken sich vom Kontinent aus ans internationale Kapitalmarktgeschehen andocken.

Auch viele Banken aus Deutschland sind vom London-Fieber erfaßt. Die Deutsche Bank mit ihrer Niederlassung Morgan Grenfell, die WestLB, die Berliner Bank, die Hessische Landesbank und die Commerzbank sowie die immobiliennahen Institute wie Rhein Hyp, die Depfa, die europäische Hypo und die Hypo MSL expandieren stark und schaffen sich neue Grundlagen bei den Briten.

Es macht fast den Eindruck, als herrsche eine Art Gründerzeit in London. Geldmarkt, Eigenhandel, Investmentbanking, Euro-Kreditmarkt, Gewerbeimmobilien - rund um diese Bereiche sollen in den nächsten Monaten und Jahren neue Aktivitäten in der Londoner City entstehen. Wenn man die Deutsche Bank-Tochter Morgan Grenfell hinzuzählt, beschäftigen deutsche Banken insgesamt 3350 Mitarbeiter an der Themse.

Der wesentliche Auslöser für die neue London-Welle war die Hausse an den Kapitalmärkten in den 80er und Anfang der 90er Jahre. Sie hat gezeigt, welch immenser Markt und welche Gewinnmöglichkeiten im grenzüberschreitenden Geschäft liegen.

Dabei spielt auch eine Rolle, daß sie ihre internationalen Strategien wieder klarer in Richtung westliche Märkte ausrichten. In den ehemaligen kommunistischen Ländern Osteuropas scheinen die Geschäftsmöglichkeiten inzwischen geringer. Auf ihren Heimatmärkten haben die Kreditinstitute allerdings eine kaum mehr zu überbietende Schlagkraft erreicht. So ist London jetzt das Sprungbrett zur großen weiten Welt geworden. London hat auch die Schweizer Großbanken aus der etwas in Vergessenheit geratenen Gelddrehscheibe Zürich angelockt. Die konzentrierte Präsenz der mächtigsten US-Investmentbanken ist in London ohnehin nicht zu übersehen.

Nach Meinung der Börsenzeitung haben sich die deutschen Banken dort auch einer - etwas ominösen - "kulturellen Forderung" zu stellen, quasi als Bedingung zur vollwertigen Mitgliedschaft auf internationaler Ebene.

Mit ihrer Investmentbanking-Zentrale in London hat sich die Deutsche Bank für eine angloamerikanische Prägung geöffnet. Auch die WestLB mit ihrer

Londoner Tochter West-Merchantbank, die BHF Bank mit ihren Partnern CCF und Charter House, die Bayerische Hypotheken- und Wechselbank sowie die Hessische Landesbank möchten sich dem neuen Anspruch stellen. Die Bayerische Vereinsbank aus München richtet ihre Analyseabteilung immer mehr nach amerikanischem Muster aus. Angloamerikanische Behendigkeit im Bankgeschäft möchte man sich auch dort zu eigen machen. Die Innovationsbereitschaft wird zunehmend zur entscheidenden Größe im internationalen Banking.

In den letzten Jahren hat sich eine erhebliche Präzisierung des Geschäftsprofils herausgebildet. Die deutschen Universalbanken sind nicht so sehr im Privatkundengeschäft und auch nicht im Bereich des kommerziellen Retail-Banking vertreten. Alle haben aber ein mehr oder weniger ausgeprägtes Volumen im Devisen-, Geld- und Derivate-Handel. Dafür sind in London die Rahmenbedingungen günstiger.

Der Londoner Geldmarkt ist hoch entwickelt und gibt daher auch einem Neuankömmling von gutem Standing die Grundlage für eine saubere Refinanzierung des Aktivgeschäfts. Zum anderen wirkt das Klima in der City etwas weniger angestrengt als anderswo, zum Beispiel auch in Frankfurt. Die Behörden fühlen sich nicht nur dem Schutz des ganzen Systems verpflichtet, sondern auch seiner Förderung. Die Experten loben die "positive Einstellung zum Markt".

Trotz der Barings-Pleite zeigt London kein Interesse daran, mit den "sündigen Auswüchsen gefährlichen Finanzgebarens" auch gleich ganze Teile der Diaspora abzuwürgen.

Wegen ihrer unangefochtenen Stellung im DM-Kapitalbereich hatten die deutschen Banken zunächst Probleme damit, daß sich das Kapitalmarktgeschäft mit Fremdwährungen in London und nicht in Frankfurt abspielt. Sie hatten unbeirrt 20 Jahre lang den Versuch unternommen, Fremdwährungsplazierungs- und Sekundärhandel über die Konsortialabteilungen in Deutschland zu betreiben. Dieses Konzept war stets zum Scheitern verurteilt. Die deutschen Banken tragen dieser Entwicklung nunmehr Rechnung, und deshalb verstärken sie ihre Aktivitäten in London erheblich.

Zur Entscheidung, das Investmentbanking künftig von London aus zu führen, sagte das Deutsche-Bank-Vorstandsmitglied Ronaldo Schmitz: "Wir brauchen eine internationale Koordinationsstelle, um schneller am Ball zu sein. Und die Musik spielt nun mal in London. Auch das Research in London wird gestärkt."

Nicht zufällig fällt der Entschluß, das Investmentbanking von London aus zu steuern, in die Zeit der Mandatsvergabe für die 1996 anstehende erste Tranche der Telekom-Plazierung. Der zweite Teil soll 1998 erfolgen. Mit 15 Milliarden DM nominal ist das Going-public der deutschen Telekom die größte Aktienemission in der Bundesrepublik, ein Großteil davon wird bei der internationalen Kundschaft plaziert. Zusammen mit Salomon Brothers ist die Deutsche Bank Konsortialführer und eine Hauptabsatzstelle. Sozusagen die Drehscheibe dieser Plazierung wird London sein. Die Chancen der Deutschen Bank zu Plazierungen dieser Größenordnung werden durch ihre zunehmende Präsenz in der City sicher steigen.

London ist die ungekrönte Königin des Investmentbanking. Die Londoner City hat im letzten Jahrzehnt eine enorme Transformation durchlaufen, die sie von einem Old Boys Club zu einem modernen und international führenden Finanzmarkt gemacht hat. Sie ist durch ihre schnelle und unbürokratische Abwicklung der ideale Platz für Jungbanker und Broker.

Federführer im Euro-Bond-Markt (1. Halbjahr 1994)

	Institut	Anzahl Emissionen	Nominalbetrag in Mio. $	Marktanteil in %
1	Merrill Lynch	278	83,755	38,5
2	CSFB	299	82,565	37,9
3	SBG	231	75,739	34,8
4	Goldman Sachs	198	71,038	32,6
5	J. P. Morgan	208	68,030	31,3
6	Morgan Stanley	197	67,901	31,2
7	Deutsche Bank	227	67,288	30,9
8	SBV	273	63,349	29,1
9	Nomura Int. I.	201	56,327	25,9
10	Lehman Bros.	166	48,511	22,3
11	Salomon Bros.	111	45,897	21,1
12	Paribas	175	37,684	17,3
13	SG. Warburg	103	36,299	16,7
14	IBJ Int. I.	111	34,223	15,7
15	Daiwa Europe	119	32,937	15,1
16	HSBC	125	29,628	13,6
17	BZW	113	23,656	10,7
18	Dresdner Bank	65	22,864	10,5
19	Kidder Peabody	103	22,121	10,2
20	BNP	66	21,557	9,9
21	CDC	63	21,374	9,8

Quelle: International Financial Review

Jedoch stehen die Londoner Pläne der Deutschen Bank in krassem Widerspruch zu ihrer erklärten Absicht, den Finanzplatz Frankfurt fördern und der britischen Metropole möglichst auch noch große Konkurrenz machen zu wollen. Der Ehrgeiz dazu erscheint mittlerweile gedämpft und die deutschen Banken diesbezüglich nicht besonders glaubwürdig. Andererseits meinen sie, das sei keine Frage der Glaubwürdigkeit, sondern eben die Frage der Zweckmäßigkeit im Investmentbanking.

Für die Hessische Landesbank erklärte das zuständige Vorstandsmitglied, der Brite Frederik Roy Hobson: "Wir werden in London unseren Eigenhandel und das Derivate-Geschäft kräftig ausbauen, aber das gesamte traditionelle Geschäft bleibt in Frankfurt." Für Hobson ist das ein logischer Schritt. In London seien nun einmal die Experten für Handelsgeschäfte und Finanzinnovationen versammelt. Die Helaba entwickelt eine eigene Strategie. "Und die ist so überlegt", so Hobson, "daß für uns auch die Barings-Pleite unwichtig ist."

Die Bankgesellschaft Berlin sieht ihre verstärkte Anwesenheit in der Londoner City als Sockel für das internationale Geschäft. Es gehe nicht darum, Personal und Ressourcen aus Berlin abzuziehen, sondern darum, neue Kapazitäten aufzubauen. Die Dresdner Bank will ihre Präsenz in London ebenfalls verstärken. Sie weiß aber nicht genau, auf welchem Wege. In Finanzkreisen war spekuliert worden, daß sie an einer Übernahme der S. G. Warburg interessiert sei.

Die Dresdner Bank ließ diese Spekulation zunächst völlig unkommentiert. Aber nach der geplatzten Übernahme von Warburg durch Morgan Stanley tauchten erneut die gleichen Gerüchte auf. Denn die Dresdner Bank war außer einigen Spezialfinanzierungen und etwas Devisenhandel in London bis Anfang 1995 nicht annähernd so präsent wie die heimische Konkurrenz aus Frankfurt. Die Bank betreibt ihre internationalen Geschäfte bisher prinzipientreu von dort aus. Aber diese Idee hat sich überlebt. Manch kleineres deutsche Institut ist im Begriff, in London an der Dresdner Bank vorbeizuziehen. Dabei hatte die Dresdner Bank schon mehrmals Occasionen zur Übernahme eines etablierten Hauses - schon bevor sie sich anschickte, nach der Pleite bei Barings mitzubieten. Frühere Verhandlungen mit der renommierten Merchantbank Kleinwort Benson scheiterten.

Jeder Investmentprofi weiß um die Defizite Frankfurts. In puncto Aktienkultur rangiert Deutschland eben nur unter ferner liefen. Die von der Deutschen Bank organisierte Kapitalerhöhung für Daimler Benz ging zum Teil in die USA und wurde über London abgewickelt. Dies zeigt, wie das Spiel zukünftig aussieht. In Großbritannien sind viermal so viele Unternehmen börsennotiert wie in Deutschland, obwohl das Gesamtwirtschaftsvolumen der Briten doch erheblich kleiner als das deutsche ist. Die Börse nimmt im Gesamtgeschehen in Großbritannien einen viel stärkeren Platz ein. Der Großteil des arabischen Ölgeldes wird schon seit Jahrzehnten von der Insel aus verwaltet.

Auch 1994 hat der Londoner Aktienmarkt seine Attraktivität für die Kapitalaufnahme von Unternehmen untermauert. Insgesamt kamen 256 neue Gesellschaften an die Börse und nahmen dabei 11,6 Milliarden Pfund auf. Das Volumen ist ungefähr doppelt so hoch wie das des vorangegangenen Jahres. Allein 24 neue Emissionen wurden im Dezember verzeichnet. Die bei weitem größte war dabei die Einführung der Satellitengesellschaft B Sky B mit einer Aufnahme von 878 Millionen Pfund. Eine solche Gesellschaft hat der deutsche Kurszettel nicht zu bieten. Die Medien, Fernseh- und Publikationsunternehmen sind hierzulande mit Ausnahme des Springer-Verlages in privater oder öffentlich-rechtlicher Hand.

Trotz der gedrückten Stimmung an den Weltbörsen und der hohen Volatilität der Kurse stieg der Londoner Umsatz bei Aktien. Ausländische Titel wurden im Wert von 717 Milliarden DM gehandelt - ein Anstieg um 24 Prozent. Britische und irische Aktien, die in London notiert werden, legten um 7,7 Prozent auf 607 Milliarden Pfund zu. Zwölf ausländische Gesellschaften, vornehmlich aus Holland, Japan und Italien, erhielten 1994 eine Notierung am Londoner Hauptmarkt. Ein neuer Emissionsrekord wurde auch bei Euro-Bonds verzeichnet. Dieses Volumen stieg um 31 Prozent auf 32,6 Milliarden Pfund.

Zwar wird das deutsche Aktiengeschäft immer mehr in Frankfurt zusammengezogen und die Regionalbörsen verlieren an Bedeutung. In der Champions-League der internationalen Finanzwelt spielt Frankfurt jedoch eine eher untergeordnete Rolle.

Das in London gehandelte Volumen ist je nach Schätzung um das zehn- bis zwanzigfache höher. Schon seit mehr als einem Jahrzehnt finden die höchsten Börsenumsätze in den bekanntesten deutschen Titeln wie Siemens, Bayer oder Daimler nicht in Frankfurt, sondern in London statt.

Skeptiker behaupten zum Beispiel, daß die Frankfurter Rentenbörse nicht angemessen funktioniere. Sie stellt mit 72 Prozent des deutschen Wertpapierbörsenumsatzes gegenüber nur 28 Prozent des Aktienumsatzes den wesentlich größeren Anteil. Vielfach fehlt aber der variable Handel mit flexibler Kursgestaltung. Die Unbeweglichkeit am Frankfurter Parkett gilt auch als Ursache dafür, daß die großen Umsätze im deutschen Bund-Future-Handel über London laufen.

Von ausländischer Seite wird bemängelt, daß der Finanzplatz Deutschland trotz seiner Fortschritte noch nicht wirklich international sei. Das DM-Euro-Kreditgeschäft ist weiterhin nicht in Frankfurt, sondern in Luxemburg, Brüssel, Paris und London angesiedelt. Über das Computerhandelssystem Ibis und die Deutsche Terminbörse gelingt es zwar, einen Teil des DM-Aktien- und Anleihehandels und des Derivate-Geschäfts nach Frankfurt zu holen. Es fehlen aber weiterhin die großen Institutionellen, die auch für den Handel mit deutschen Wertpapieren überwiegend den Markt in London benutzen.

Zu den bislang unerfüllten Wünschen der Auslandsbanken gehören unter anderem die Mindestreservebefreiung bei Termingeldern und bei Einlagen im Repro-Bereich, die freie Verwendung des ECU zwischen Inländern, die Möglichkeit der Umwandlung einer Tochtergesellschaft in eine Zweigniederlassung ohne Aufdeckung von stillen Reserven und schließlich die Zulassung der Verbriefung von Kreditforderungen durch Banken - die sogenannten Asset-Backed-Securities.

In Frankfurt waren per Anfang 1995 zwar 185 fremde Adressen präsent. In London sind mittlerweile aber 514 ausländische Banken vertreten. Die Kosten dafür scheinen sich zu rentieren. Nur ein kleiner Stützpunkt in der City kostet bereits 5 Millionen DM - bei Gründung und Einrichtung. Für den laufenden Geschäftsbetrieb werden etwa 2,4 Millionen DM benötigt. Für eine Filiale mittlerer Größe sind Gründungskosten in Höhe von 8 Millionen und etwa 5,4 Millionen laufende Kosten jährlich ermittelt worden. Dennoch hält der Drang nach London an.

Am Finanzplatz Frankfurt ist man gegenüber solchen Vorgaben inzwischen ziemlich empfindlich geworden. Besonders, wenn die Briten auch noch selbstbewußt erklären, daß London die Wiege der Investmentbanking-Kultur sei. Die Frankfurter fühlen sich durch das Abwandern der Banken nach London geschwächt. Daß eines fernen Tages in Frankfurt außer der mächtigen Deutschen Bundesbank auch noch die Europäische Notenbank residiert, ist da nur ein schwacher Trost.

Investmentbanken: Die Bühne der Akteure

Große und kleine Fische

Nirgendwo haben Jungbanker und Broker bessere Möglichkeiten, ihre Ideen einzubringen als bei den Investment- oder Merchantbanken, wo auch Leeson arbeitete. Im Vergleich zu den Universalbanken kontinentaleuropäischer Prägung sind sie wesentlich beweglicher.

Das Investmentbank-Geschäft kann recht profitabel sein. Für 1993 präsentierten Chairman John Carven von der Deutsche-Bank-Tochter Morgan Grenfell (Bilanzsumme 10 Milliarden Pfund) und sein erster Geschäftsführer, Michael Dobson, einen verdreifachten Gewinn von 235 Millionen Pfund vor Steuern und eine Eigenkapitalrendite von 55 Prozent. 1994 wurde der Marktwert der Bank auf 1,6 Milliarden DM geschätzt. 1989 hatte die Deutsche Bank für Morgan Grenfell 950 Millionen Pfund bezahlt, ein lohnendes Geschäft also. Früher war Morgan Grenfell mitunter schlecht beleumundet gewesen, denn die Manager der Bank hatten eine Aktienmanipulation angeschoben, mit deren Hilfe 1986 die irische Brauerei Guinness ihren Wunschkandidaten, die Destillers plc., geschluckt hatte - der sogenannte Guinness-Skandal.

1994 war Grenfell der größte Londoner Händler von Schulden unterentwickelter Länder und zog daraus zusammen mit dem Treasury-Geschäft rund ein Drittel des Profits. Das kräftig gesteigerte Asiengeschäft lieferte 15 Prozent des Gewinns. 1993 war Morgan Grenfell Nummer zwei bei Fusionen und Zusammenschlüssen in Großbritannien und Nummer eins bei grenzüberschreitenden Deals außerhalb der USA. Bei 145 Übernahmen mit einem Volumen von 12 Milliarden Pfund spielte Morgan Grenfell den Berater. Unter anderem verteidigte MG den Hannoveraner Reifenhersteller Continental gegen Übernahmeversuche durch den italienischen Konkurrenten Pirelli.

Strategisch richtig lag auch die Investmentbank Schroders. Sie verzichtete zu Zeiten des Big Bang darauf, das Wertpapiergeschäft weiter zu forcieren, und konzentrierte sich auf Unternehmens- und Projektfinanzierungen sowie Vermögensanlagen. Dennoch, oder gerade deshalb, entwickelte sich Schroders zur erfolgreichsten Merchantbank in der City und zu einer der stärksten europäischen Adressen im Corporate Finance in Asien. Der Aktienkurs der Bank hat sich in den vergangenen 15 Jahren versechzigfacht.

Die Kunst des Investment- und Merchantbanking besteht darin, Dinge vorauszusehen und entsprechend zu agieren. Im Jahre 1958 schockierte Warburg mit seinem Partner Grundfeld die Bank von England und die City, als sie die erste feindliche Unternehmensübernahme in Großbritannien organisierten - die von British Aluminium durch ein amerikanisches Konsortium.

Merchantbanker wie Schroders, Barings, Ambross, Kleinwort Benson, Rothschild und Hill Samuel sind seit vielen Generationen im Geschäft. Bei Schroders und Rothschild pochen noch heute die Familienmitglieder auf die Unabhängigkeit der Institute. Bis zur Pleite war dies bei Barings auch so. Diese Taktik begrenzt jedoch zugleich Finanzierungskraft und Geschäftsausweitung. Dennoch spielen fast alle eine größere Rolle als etwa die deutschen Privatbanken. Diesen Instituten hat das Universalbankensystem in der Bundesrepublik praktisch nie eine Chance gelassen.

Daß die britischen Merchantbanken ihren Ursprung in alten Kaufmannsfamilien haben, die aus dem internationalen Handel das Bankgeschäft entwickelten und diesem Geschäft treu blieben, merkt man heute noch.

Viele Londoner Bankiers kamen aus Deutschland. Sie verlagerten ihre Aktivitäten im 19. Jahrhundert nach London, dem Zentrum des britischen Kolonialreichs, und wirkten maßgeblich am Aufbau des Finanzplatzes London mit. Sie galten lange Zeit als die stärksten Institute in der City. Die Vorfahren Georg von Mallinckrodts, Chairman von Schroders, waren verwandt mit den Kleinworts, die Kaufleute und Bankiers aus Antwerpen waren. Mallinckrodt wurde in Deutschland geboren. Barings hat seine Wurzeln in Bremen.

Obwohl in den Räumen von Barings voluminöse Ölgemälde der Familie Baring hingen und die Bank einen Archivar beschäftigte, der die mehr als 200 Jahre alten Dokumente sortierte, war die Bank keineswegs verstaubt.

Sie hatte sich auf ähnliche Bereiche wie Schroders konzentriert und war eines der stärksten Institute in

Asien sowohl im Corporate Finance wie im Geschäft mit östlichen Aktien. Aber das war einmal. Mittlerweile ist Barings pleite und die Szene um eine renommierte Adresse ärmer. Die Topratgeber der Finanzszene haben 1994 Kunden verloren. So zum Beispiel S.G. Warburg 3 Prozent, Hill Samuel 3 Prozent, Kleinwort Benson 4,5 Prozent. Morgan Grenfell hat gegen 5 Prozent, Schroder 5,5 Prozent und Samuel Montagu 6,5 Prozent gewonnen.

Die 20 größten Vermögensverwaltungsbanken der Welt

Gesellschaft	Eigenkapital 1993[1] (in Mio.$)	Verw. Kundenvermögen 1993 (in Mio.$)
Nomura Securities (Japan)	18,119	64,300
Goldman Sach (USA)	15,732	75,597
Salomon (USA)	14,597	135,946
Merrill Lynch (USA)	13,262	95,772
Daiwa Securities (Japan)	11,031	35,943
Nikko Securities (Japan)	10,225	25,795
Morgan Stanley (USA)	9,813	52,213
Lehman Brothers Holdings Inc.(USA)	9,418	50,056
Yamaichi Securities (Japan)	9,172	26,281
Dean Witter, Discover (USA)	6,617	24,620
CS First Boston (USA)	4,649	28,330
Hees International (Kanada)	3,847	4,045
Bear Stears (USA)	3,576	24,679
Smith Barney Shearson (USA)	2,925	18,067
Paine Webber (USA)	2,892	20,836
Kokusai Securities (Japan)	2,378	4,536
Kankaku Securities (Japan)	1,834	3,552
S. G. Warburg (USA)	1,713	24,090
Wako Securities (Japan)	1,589	2,993
Prudential Securities (USA)	1,550	17,406

Wechselkurse Dollar vom 31.12.1993
[1] Aktienkapital und langfristige Verbindlichkeiten
Quelle: Worldscope/WSJ

Die Bedeutung der Emissionshäuser in den internationalen Kapitalmärkten kann man anhand der Aggressivität oder der Plazierungskraft messen.
Merrill Lynch war der wichtigste Leadmanager im Zero-Bond-Markt in den ersten sechs Monaten des Jahres 1994. Mit über 19,1 Milliarden Dollar war das Institut Book-Runner. Die vor einem Jahr führende Deutsche Bank ist von damals 16,9 Milliarden auf 8,4 Milliarden Dollar zurückgefallen. Merrill Lynch rangierte im ersten Halbjahr 1994 zudem an erster Stelle auf der Liste der Lead- und Colead-Manager und stellte damit seine Plazierungskraft unter Beweis. Vor einem Jahr mit 76,1 Milliarden Dollar noch auf Platz fünf, dehnten die Amerikaner das Volumen auf 83,8 Milliarden Dollar aus. Mitte 1993 hatte noch die CSFB mit 103,4 Milliarden Dollar die Rangliste angeführt, gefolgt von der Schweizerischen Bankgesellschaft mit 93 Milliarden Dollar. Im ersten Semester 1994 beliefen sich die realisierten internationalen Anleihebegebungen auf 226 Milliarden Dollar.

Auch bei Unternehmensakquisitionen schauen die Briten nach Deutschland. Sie sind Mergers-and-Acquisitions-Spezialisten für Pharma, Medien und Transport.

Die Liste der Finanzberater bei grenzüberschreitenden Unternehmenskäufen in Europa 1994 führt indessen Morgan Stanley an, vor Goldman Sachs, S. G. Warburg und Kleinwort Benson. Allerdings sind heute viel weniger als in den 80er Jahren spekulative Transaktionen (Neustrukturierungen und Teilverkäufe) zu beobachten. Dagegen gibt es eine wachsende Zahl strategischer Allianzen und Verflechtungen, auch über Landesgrenzen hinweg.

Vor allem die von der führenden Investmentbank S. G. Warburg erlittenen Gewinneinbußen haben in der Londoner City die alte Diskussion über die Strategien von Wertpapierhäusern wieder intensiviert. Warburg ist das wichtigste Beispiel jener traditionellen Merchantbanken, die sich am Vorbild der integrierten US-Investmentbanken orientieren, die eine Präsenz in allen wichtigen Geschäftsbereichen regionaler wie sachlicher Art für unumgänglich hielten.

Eine andere Strategie als Warburg haben die Spezialisten wie zum Beispiel Smith New Court, Schroders und Cazenove eingeschlagen. Sie hatten sich auf einzelne Marktsektoren und Nischen konzentriert und auf den Ausbau in vollständige Investmentbanken verzichtet. Auch Barings gehörte zu den Spezialisten.

Das Umfeld für britische Finanzhäuser hat sich in den vergangenen Jahren massiv gewandelt. Seit der großen Börsenliberalisierung im Jahre 1986, dem sogenannten Big Bang, wuchs die Konkurrenz der japanischen, amerikanischen und europäischen Institute. Ableger des Schweizerischen Bankvereins machten vor, wie mit einem aggressiven und kundenorientierten Auftreten Geschäftsanteile akquiriert und Gewinne gemacht werden können.

Vor diesem Hintergrund gelten die großen integrierten und internationalen Häuser mit einer starken Kapitalbasis jetzt schon als Gewinner der Zukunft. Bankenanalysten gehen davon aus, daß die Finanzindustrie in den nächsten Monaten und Jahren noch eine Flurbereinigung erleben wird. Die Vorgänge rund um die S. G. Warburg scheinen diese These zu bestätigen.

Die gemessen an der Marktkapitalisierung größte britische Investmentbank strebte 1994 eine Fusion mit dem US-Broker Morgan Stanley an. Warburg hätte damit die Präsenz in den USA und in Asien deutlich ausgebaut. Aus der Fusion Morgan Stanley und Warburg wäre die größte Investmentbank der Welt entstanden. Etwa 250 führende Mitarbeiter und Anwälte brüteten über den Einzelfragen. Im Laufe der Fusionsverhandlungen wurde jedoch deutlich, daß die Amerikaner vor allem an Warburgs 75prozentiger Beteiligung an Mercury-Asset-Management MAN interessiert waren. Als sich das MAN Management gegen die Fusion sträubte, wurden die Pläne begraben.

Für die Londoner City ist Warburg demnach ein etwas problematischer Fall, denn ein echter Neubeginn erscheint nach dem Scheitern der Fusionspläne unwahrscheinlich. Auch die durchschnittlichen Kosten pro Arbeitnehmer sind bei Warburg mit 105000 Pfund deutlich höher als jene der Konkurrenz. Vermutlich rückt demnächst ein anderer Übernahmeinteressent ins Bild. Im Finanzdschungel der City rätselt man darüber, welche Überraschung das traditionsreiche Geldinstitut, das Prunkstück der Londoner Bankenwelt, als nächstes parat hat.

An spektakulären Wendungen hat es bei Warburg nie gefehlt: Mitte Januar 1995 verblüffte Warburg-Chef Lord Cairns die Branche durch seinen Ausstieg aus dem Geschäft mit langlaufenden Euro-Bonds - die sozusagen eine Erfindung des Bankgründers Siegmund Warburg waren.

Die Idee mit den fest verzinslichen Papieren war entstanden, weil der damalige US-Präsident John F.

Kennedy ausländische Geldanleger in New York mit einer Sondersteuer quälte. Von dieser Last sollte ein neuer aufnahmefähiger Markt Käufer und Verkäufer der Wertpapiere befreien. Deshalb plazierte Warburg von London aus eine 15-Millionen-Dollar-Anleihe für den italienischen Straßenbauer Autostrade, eine Tochter des Staatskonzerns Iri. Der neue Weg, Unternehmen und Regierungen mit Kapital zu versorgen, hatte durchschlagenden Erfolg. Mit der Schaffung der Euromärkte verlieh Warburg einer träge gewordenen Londoner Finanzszene einen dynamischen Anstoß.

Während im Entstehungsjahr der Euro-Bonds bescheidene 75 Millionen Dollar aufgetrieben wurden, erreichte der Markt 1994 ein Volumen von über 400 Milliarden Dollar. Doch der Erfolg fraß seine Väter. Vor allem die mächtigen amerikanischen Investmentbanken, aber auch die großen Schweizer und japanischen Institute ziehen immer mehr vom Geschäft an sich. Trotz eines explodierenden Anlagevolumens schrumpften die Gewinnmargen im Euro-Bond-Markt zusammen. Während früher die Renditen bei 2,5 Prozent lagen, ist heute schon kaum mehr als 1 Prozent herauszuholen. Die meisten der Branche geben sich mit einem Viertel Prozent zufrieden.

Die weltgrößten Wertpapierfirmen

(Kapital in Mio. Dollar, 1993)

Rang	Unternehmen/Land	Kapital
1	Nomura Securities (Japan)	18,119
2	Goldman Sach (USA)	15,732
3	Salomon (USA)	14,597
4	Merrill Lynch (USA)	13,262

5	Daiwa Securities (Japan)	11,031
6	Nikko Securities (Japan)	10,225
7	Morgan Stanley (USA)	9,813
8	Lehman Brothers Holdings Inc.(USA)	9,418
9	Yamaichi Securities (Japan)	9,172
10	Dean Witter, Discover (USA)	6,617
11	CS First Boston (USA)	4,649
12	Hees International (Canada)	3,847
13	Bear Stears (USA)	3,576
14	Smith Barney Shearson (USA)	2,925
15	Paine Webber (USA)	2,892
16	Kokusai Securities (Japan)	2,378
17	Kankaku Securities (Japan)	1,834
18	S. G. Warburg (USA)	1,713
19	Wako Securities (Japan)	1,589
20	Prudential Securities (USA)	1,550
21	New Japan Securities (Japan)	1,460
22	Daewoo Securities (Korea)	1,228
23	Sanyo Securities (Japan)	1,173
24	Lucky Securities (Korea)	1,088
25	Daishin Securities (Korea)	1,050

Natürlich möchte die S. G. Warburg einer der großen internationalen Player bleiben. Aber die Konkurrenz aus Amerika ist mächtig, und für viele Banker und Manager in der City waren die Übernahmepläne ein Schock und eine Warnung zugleich. Ein Schock, weil niemand erwartet hatte, daß sich die so stolze Bank Warburg freiwillig mit einem viel mächtigeren Wall-Street-Haus liieren würde.

Für viele gab Warburg mit der Fusionsabsicht indirekt zu, daß die Bank allein nicht die Kraft hatte, in allen Sparten zu einer führenden globalen Investmentbank heranzuwachsen. Die Banker sahen sich in ihrer Überlegung bestätigt, daß eine solche Strategie nur mit massiven Kapitalressourcen im Rücken funktioniert, über die zum Beispiel Merrill Lynch, die Schweizerischen Großbanken und die Deutsche Bank sowie die englische Clearing-Bank Barclays verfügen oder auch Goldman Sachs aus New York mit 3000 neuen Finanzprodukten. Zum Leidwesen der Briten kann Warburg mit diesen Häusern nicht ganz mithalten. Die S. G. Warburg bleibt jedoch ein Kandidat für Übernahmen. Was für die Aktionäre dabei als Übernahmekurs herausspringt sei dahingestellt.

Erstaunlicherweise erzielte die Warburg-Gruppe im Investmentbanking im ersten Halbjahr 1994 lediglich einen Gewinn von 5,5 Millionen Pfund oder rund 12 Millionen DM. 90 Prozent des Gesamtertrages von 62,5 Millionen Pfund stammten aus dem Asset-Management. Eine andere renommierte Investmentbank, nämlich Kleinwort Benson, machte 1994 indessen auch in diesem Bereich ordentlich Geld. Es wurde ein Vorsteuergewinn von 97 Millionen Pfund ausgewiesen, was gegenüber dem Vorjahr nur einen Rückgang von 5 Prozent bedeutet.

Auch neuerdings brachte die bedeutende Merchant- und Investmentbank Kleinwort Benson ein erfolgreiches erstes Halbjahr hinter sich, in dem der Gewinn vor Steuern mit 46 Millionen Pfund - etwa 112 Millionen DM - um 8,5 Prozent höher war als im gleichen Vorjahreszeitraum. Auf das Eigenkapital von 488,5 Millionen und auf das Jahr gerechnet bedeutet der ausgewiesene Gewinn eine Rendite von knapp 19 Prozent vor, 14 Prozent nach Steuern, also eine beachtliche Größenordnung. Die Handelstätigkeit hat zwar unter den weiten Schwankungen an den Finanzmärkten gelitten, besonders der Geld- und Devisenhandel, dafür ergaben sich aber hohe Gewinne in der Vermögensverwaltung, im Privatbankgeschäft und in der Depotverwaltung. Immerhin verwaltet die Bank Fonds in einem Gesamtbetrag von mehr als 19 Milliarden Pfund, etwa 46 Milliarden DM.

Selbst die "Global Player" stehen unter einem harten Konkurrenzdruck. Als hinderlich stellt sich hierbei manche Überkapazität heraus, die noch aus den glorreichen 80er Jahren stammt. Zu vermuten ist, daß nur eine kleine Gruppe von Großanbietern mit weltweiter Reichweite übrigbleibt, die von London und New York aus operieren. Alle anderen Investmentinstitute dürften in die zweite Liga abrutschen. Sie würden dann nur noch als regionale Marktführer oder als Nischenanbieter bestehen können. Interessant in diesem Zusammenhang: Die Münchener Rückversicherungs AG ist mit gut 6 Prozent größter Aktionär bei Warburg.

Stolze Profite

Während die Barings-Krise an den Finanzmärkten hohe Wellen schlug, berichteten Englands Großbanken von enormen Gewinnsteigerungen. Analysten sprachen von den besten Profiten seit über zehn Jahren. Die Gewinne der elf größten Institute stiegen um etwa 50 Prozent auf über 10 Milliarden Pfund. Mit diesen Resultaten erzielten die Geldinstitute die höchsten Kapitalrenditen in ganz Europa. Sogar einzelne Verluste aus dem Bond- und Derivat-Geschäft haben ihnen nicht viel anhaben können. Ihre Profitabilität wurde damit doppelt so hoch wie in den 80er Jahren. Die Kapitalrenditen von 18 bis 20 Prozent betrugen in etwa das Zweifache des Branchenschnitts im übrigen Europa.

Im März 1995 veröffentlichte die Barclays Bank, Englands größte Bank mit 161 Milliarden Pfund Bilanzsumme, eine Verdreifachung ihres Gewinns auf 1,86 Milliarden Pfund. Bei der Natwest, der zweitgrößten Bank, nahm der Gewinn 1994 um 61 Prozent auf 1,53 Milliarden Pfund zu. Die kleinere Lloyds Bank, letzte unter den großen Vier, vermochte ihren Gewinn vor Steuern zwar nur um 26 Prozent zu steigern. Mit einer Kapitalrendite von 25,6 Prozent gehörte sie aber zu den profitabelsten Geldinstituten der Welt überhaupt. Dagegen hielt sich die Gewinnsteigerung bei der Midland Bank, einer Tochter der Hongkong- und Shanghai-Banking-Corporation (HBSC) in Grenzen, weil das Institut im Bond- und Derivat-Geschäft 73 Millionen Pfund verlor - gegenüber einem Gewinn von 157 Millionen Pfund im Vorjahr. Auch bei dem Investmentableger der Barclays Bank (BSB) schmälerte ein 40prozentiger Rückgang im Einzelhandel mit Wertpapieren und Derivaten den insgesamt erzielten Beitrag zum Gruppenergebnis um etwa die Hälfte auf nur noch 242 Millionen Pfund.

Soweit die hohen Gewinne aber nicht aus dem Eigenhandel stammen, kommen sie aus den Zins- und Bankgeschäften, und sie sind wesentlich auf eine drastische Verringerung der Wertberichtigungen von 1,8 Milliarden auf 600 Millionen Pfund zurückzuführen. Diese Rückstellungen hatten die Geldinstitute 1992/93 für Ausfälle bei Immobilienkrediten und den potentiellen Opfern der Rezession in Großbritanniens Handel und Industrie gebildet.

Bei allem weltweiten Geschäft bilden auch bei den englischen Banken die Einnahmen aus Gebühren und Provisionen die Hauptquelle der Erträge. Sie waren unter anderem zum Ausgleich hoher Kreditausfälle während der Rezession 1992 beträchtlich heraufgesetzt und sogar neu eingeführt worden. Kleinunternehmen klagten mitunter sogar über erpresserische Zinssätze und Kreditentzug beim leisesten Anzeichen von Liquiditätsengpässen.

Andererseits ist das Image der Banken in der englischen Öffentlichkeit auch nicht das beste - ähnlich wie in Deutschland. Die 80000 Entlassungen sorgten immer wieder für Schlagzeilen. Die angekündigten Restrukturierungen lassen vermuten, daß bis 1997 rund weitere 100000 Arbeitsplätze wegfallen werden.

Die Banken auf der Insel vollziehen langsam jene Automatisierung nach, die die deutschen Universalbanken schon zu Beginn der 80er Jahre einleiteten. Insofern sind die britischen Clearing-Institute den deutschen Universalbanken nicht unbedingt überlegen. Ihr Kostengerüst ist im internationalen Vergleich relativ hoch, die britische Kreditwirtschaft verfügt über zu viele Filialen und über zu viele Mitarbeiter. Es häufen sich die Kundenbeschwerden, die Kreditinstitute sehen sich genötigt, Kampagnen für ihr Image zu starten.

Genauso wie ihre deutschen Kollegen zeigen sich die britischen Bankoberen über die Vielzahl von Beschwerden erstaunt. Sir William Purves, Chef der Hongkong- und Shanghai-Banking-Corporation, wundert sich über die "Vielzahl von Beschwerden", wie sie allein die HSBC-Tochter der Midland Bank erhalte. Daran sei er nicht "gewöhnt". Vermutlich werden die britischen Geschäftsbanken etwas von ihrer harschen Tour abrücken, denn der Druck auf die Gewinnmargen ließ nach. Jetzt können sie sich zurücklehnen und sich um Dinge wie den Kundenservice kümmern.

Auch britische Banken sind keine Engel. Die britische Finanzmarktaufsicht Investment-Management Regulatory Organization (Imro) hat für Regelverstöße im Zusammenhang mit dem Skandal um die Pensionskassen das Zeitungs- und Publikationsunternehmen Maxwell mit Geldstrafen belegt. Betroffen waren die zur Deutschen Bank gehörenden Morgan Grenfell, ferner Natwest Investment-Management und Nikko Securities Capital Management mit Strafen von 180000 Pfund.

Trotz der Beliebtheit des Finanzplatzes London sind kritische Beobachter von der Leistung des britischen Bankenmanagements nicht sonderlich beeindruckt. Sie verweisen darauf, daß Ertragswenden wie 1994 typisch für Endphasen einer Rezession sind, weil weniger Rückstellungen für notleidende Kredite gebildet werden müssen.

Auch für die britischen Geschäftsbanken stellt sich die Frage, in welche Richtung sie expandieren und ob sie vielleicht verstärkt am täglichen Milliardenspiel teilnehmen sollen. Natwest hat einen klaren Kurs eingeschlagen, indem sie sich dem Kleinkundengeschäft in den USA zuwandte. Nach mehr Expansion in Kontinentaleuropa steht den meisten nicht der Sinn.

Bei der Midland Bank, die als erste die Ausweitung in großem Stile praktizierte, ist die globale Dimension schon Wirklichkeit. Nur gilt es jetzt, aufzupassen, daß aus der Konzernzugehörigkeit zur HBSC-Gruppe auch genügend Synergien fließen. Auch für die drei großen Clearing-Institute Barclays, Natwest und Midland HBSC ist die Konkurrenz im Investmentbanking-Geschäft trotz ihrer Größe gewaltig.

Banken sind keine Engel

Verluste im Eigenhandel

Die deutschen Institute spielen in der internationalen Bankenlandschaft keineswegs eine solch überragende Rolle, wie ihnen mancher gerne zuschreibt. In der seit 25 Jahren jährlich von der Zeitschrift The Banker herausgegebenen und von der Financial Times veröffentlichten Liste der 1000 größten Kreditinstitute rangieren sie unter ferner liefen. Die Deutsche Bank hält den 14. Platz unter den 100 Größten. Unter diesen befinden sich gerade mal neun deutsche Institute. Der Liste liegt die Eigenkapitalausstattung nach den Richtlinien der Internationalen Bank für Zahlungsausgleich (BIZ) zugrunde. Die Angaben beziehen sich auf die Jahresabschlüsse 1993, gerechnet wurde mit einem Dollarkurs von 1,72 DM.

Legt man als Kriterium der Größe die in Deutschland eher übliche Bilanzsumme zugrunde, liegt die Deutsche Bank an neunter Stelle mit 570 Milliarden DM, gefolgt von der Dresdner Bank mit 400, der Commerzbank mit 342, der Bayerischen Vereinsbank mit 318 und der Bayerischen Hypotheken- und Wechselbank mit 275 Milliarden DM Geschäftsvolumen.

Mit Blick auf die Bilanz 1994 haben die fünf deutschen Großbanken zum Jubeln keinen Anlaß. Ihre Gewinne knickten gegenüber dem Superjahr 1993 deutlich ein, und bei den Kreditrisiken gibt es keine Entwarnung. Das zeigt das Debakel der Metallgesellschaft, die Schneider-Pleite oder der Konkurs des Sportbodenherstellers Procedo-Balsam. Dafür gibt es neue Risiken, zum Beispiel bei den Derivaten.

Erst am 8. April 1995 hat die Deutsche Bank einen Mitarbeiter ihrer Nürnberger Filiale wegen ungenehmigter Währungsoptionsgeschäfte fristlos entlassen. Der mutmaßliche Schaden für die Bank wurde auf 28 Millionen DM beziffert. Das Institut stellte Strafantrag wegen Untreue. Der ehemalige Mitarbeiter und sein Partner kamen in Untersuchungshaft. Dem Haftbefehl zufolge hat sich der Bankmitarbeiter mit Wissen des Kunden bei den Devisengeschäften bewußt über bankinterne Richtlinien hinweggesetzt und vorgeschriebene Sicherheitsvorkehrungen unterlassen. Die mutmaßliche Unregelmäßigkeit war Anfang März im Rahmen einer bankinternen Routineüberprüfung entdeckt worden.

Eine wenig glückliche Hand hatten die Big Five des deutschen Kreditgewerbes auch anderswo: Sie wurden 1994 alle auf dem falschen Zinsfuß erwischt. Wie eine kalte Dusche auf die Gewinne wirkte sich der Anstieg der langfristigen Sätze aus. Alle Geldhäuser mußten wegen der damit einhergehenden Kursverluste bei den festverzinslichen Wertpapieren kräftig auf ihre Bestände abschreiben. Das erklärt den scharfen Rückgang in der Position Finanzergebnis, hinter dem sich der Eigenhandel mit Wertpapieren, Devisen, Derivaten und Edelmetallen verbirgt. Die Bankvorstände gaben Wertpapierabschreibungen in der Größenordnung zwischen 700 Millionen DM bei der Commerzbank und 88 Millionen bei der Bayerischen Vereinsbank bekannt. Wertberichtigungsbedarf gab es auch im Kreditgeschäft. Die Pleite des Königssteiner

Baulöwen Jürgen Schneider kostete die Deutsche Bank neben Imageverlusten die "kleine" Summe von annähernd 500 Millionen DM.

Und die Schieflage der Rosenheimer März-Gruppe zwang die Bayern-Hypo allein durch Forderungsverzicht gegenüber der Eigentümerfamilie zur Abschreibung von 230 Millionen DM.

Aber die Gewinn- und Verlustrechnungen geben nicht komplett Aufschluß über das tatsächlich erwirtschaftete Ergebnis. Nach Meinung vieler Analysten nutzte die Deutsche Bank einen Bilanztrick, um den Schaden aus der Schneider-Affäre optisch kleinzuhalten. Vorstandschef Hilmar Kopper habe einfach den Buchwert der Töchter hochschreiben lassen, wird gemunkelt.

Kein Thema mehr sind die Länderrisiken aus der in den 80er Jahren vielzitierten Schuldenkrise der Dritte-Welt-Staaten. Sie wurden im Zuge der Umschuldungsrunden teils verkauft, umgebucht oder aufgelöst. Zuletzt haben 18 westliche Gläubigerstaaten des sogenannten Pariser Clubs zum Beispiel Nicaragua 67 Prozent der in den Jahren 1994 bis 1997 fälligen Schuldenrückzahlung erlassen - im Gesamtwert von 500 Millionen Dollar. Nicaragua ist insgesamt mit 11,7 Milliarden Dollar verschuldet. Auch mit Rußland einigten sich die Banken. Die Umschuldung von 26 Milliarden Dollar Verbindlichkeiten einschließlich aufgelaufener Zinsen bei westlichen Gläubigerinstituten wurde ebenfalls hinausgeschoben. Alle Großbanken haben die faulen Kredite an zahlungsschwache Länder zu weit mehr als 70 Prozent wertberichtigt.

Bei der neuesten Sorte der Risiken, den Derivaten, betonen die Geldhäuser unisono, sie hätten ihr Bestmöglichstes zur deren Überwachung getan. Ein Fall wie die britische Barings-Bank sollte hierzulande angeblich gar nicht möglich sein. Das Image der Finanzbranche ist indessen 1994 noch schlechter geworden. Wenn es zur Sache geht, geben die Gerichte immer häufiger verärgerten Anlegern und Kreditnehmern recht.

Imageprobleme

Fehlberatungen, insbesondere im Optionsscheinbereich und bei Derivaten, Gebühren- und Zinsschneiderei haben am Prestige der Finanzunternehmen erheblich gekratzt. Eine Umfrage des Allensbacher Instituts für Demoskopie zufolge hat seit 1993 das Ansehen keiner anderen Branche so dramatisch Schaden genommen wie das der Kreditinstitute. Der Bundesverband der deutschen Banken zeigte sich total verwundert über die angebliche Fehleinschätzung. Aber 66 Prozent der West- und 60 Prozent der Ostdeutschen halten sich als Bankkunden für besonders "schutzbedürftig". Der Grund: schlechte persönliche Erfahrungen. Deutsche-Bank-Chef Hilmar Kopper kann das wiederum gar nicht verstehen. "Mich verblüfft schon, mit welcher Vehemenz und Uneinsichtigkeit auf uns Banken eingeprügelt wird." Kopper macht sogar einen deutschen Neidkomplex aus, "denn Erfolg schafft Neid, und Erfolg hatten wir nun mal". Die Marktforscher sehen das anders. Nur knapp die Hälfte der Befragten war mit ihrem Institut wirklich zufrieden, so ergab das "Deutsche Kundenbarometer".

Das Angebot in Finanzdienstleistungen, besonders im Anlagebereich, wird immer unübersichtlicher. Die Gerichte messen daher der Aufklärung und der Beratung der Verbraucher mehr Bedeutung bei als zu Zeiten, da Aktien die einzige Anlagealternative zu Sparbuch und festverzinslichen Wertpapieren waren.

Dabei sind manche Banken an Halsstarrigkeit kaum zu übertreffen. Die Volksbank Hannover etwa wollte partout nicht einsehen, daß ihr beim Vertrieb einer DM-Anleihe des australischen Industriemoguls Alan Bond schwerwiegende Fehler unterlaufen waren. Das Industrieimperium des Australiers brach später zusammen.

Andererseits verstehen sich die Banken als Stütze der volkswirtschaftlichen Stabilität. Nach eigenem Bekunden haben die Universalbanken hierzulande in den zurückliegenden Jahren ihre Leistungs- und Wettbewerbsfähigkeit eindrucksvoll unter Beweis gestellt. Das Prädikat gilt indessen weniger für einige Vorstandsherren. Deutsche-Bank-Chef Hilmar Kopper kommentierte anläßlich der 2,2-Milliarden-DM-Pleite des Baulöwen Schneider die 50 Millionen DM ausstehenden Handwerkerrechnungen als "Peanuts". Selbst in Koppers Umgebung hieß es daraufhin, daß der Vorgang in unangemessener Weise interpretiert worden sei.

Der Einfluß der Geldhäuser schadet nach Meinung der Kritiker den Aktionären, den Unternehmen und der deutschen Wirtschaft. Ungestört wuchere in Deutschland ein Geflecht aus Interessen und Abhängigkeiten, in dem es sich die Vorstände großer Industriekonzerne, mächtiger Versicherungen und nobler Geldhäuser bequem gemacht haben.

Ohne die Banken läuft nicht viel. Sie haben sich in die Fundamente der deutschen Volkswirtschaft eingegraben. Sie dominieren mit Hilfe des Depotstimmrechts Hunderttausender von Kleinaktionären die Hauptversammlung der Industriekonzerne. Und sie besitzen zahlreiche Unternehmen. 73 Aufsichtsräte, darunter 13 Vorsitzende, kontrollieren für die Geldbranche die 30 führenden deutschen Aktiengesellschaften. Ohne ihre Kredite kann kein Betrieb investieren oder produzieren.

Am "Konzern Deutschland" gibt es einiges auszusetzen. Im Zentrum der Deutschland AG stehen die Deutsche Bank und die Allianz Versicherung mit ihren milliardenschweren Beteiligungen. Der Versicherungsriese hat sich unter anderem bei Bayer, BASF, Continental, Schering, RWE und VEBA eingekauft. Europas größte Bank und größte Versicherung halten erhebliche Aktienpakete des jeweils anderen. Verflochten ist die Allianz auch mit der Dresdner Bank und der Bayerischen Hypotheken- und Wechselbank. Dem Geldhaus Deutsche Bank gehört ein Viertel von Deutschlands größtem Industrieunternehmen, der Daimler Benz AG. Als anrüchig empfinden Experten die zahlreichen Überkreuz- und Ringbeteiligungen. Personelle Verfilzungen bei den Vorstands- und Aufsichtsratsposten sind gang und gäbe.

Da kontrollieren Dresdner-Bank-Chef Jürgen Sarazzin und Commerzbank-Lenker Martin Kohlhausen zusammen mit dem Deutsche-Bank-Chef Hilmar Kopper die Arbeit von Ex-Daimler-Boss Edzard Reuter. Der wiederum sitzt im Aufsichtsrat der Allianz und überwacht dort die Geschäfte von Notenbankchef Henning Schulte-Noelle. Der Allianz-Mann wiederum beaufsichtigt die Deutsche-Bank-Spitze, zusammen etwa mit Siemens-Oberkontrolleur Hermann Oskar Franz. Auch der sitzt im Allianz-Aufsichtsrat.

Ein harscher Kritiker der deutschen Verhältnisse, Professor Ekkehard Wenger, meint, es sei wie im "Politbüro der DDR". Immer häufiger ist zu hören, Bankmacht hemme den Wettbewerb, und die festgefügten Strukturen behinderten den Wandel.

Skandalöse Patzer und Mißgriffe der Geldbarone haben die Kritiker des deutschen Systems in den vergangenen Jahren immer wieder bestätigt. Die Machtzusammenballung in einer Hand ist fragwürdig. Bei Daimler Benz sorgte Ende 1993 der Bankenblock mit Hilfe der eigenen Stimmen und denen der Depotkunden dafür, daß den Aktionären Steuergutschriften in Milliardenhöhe vorenthalten wurden, behauptete 1994 der Spiegel.

Gegen die Interessen der Kleinaktionäre verstießen die Banken auch bei Siemens. Dort genießt die Gründerfamilie das Privileg, daß ihre Vorzugsaktien ein sechsfaches Stimmrecht in der Hauptversammlung garantieren. Bei Kapitalerhöhung müßten die Siemens-Erben für die wertvollen Papiere nicht mehr als die anderen Aktionäre zahlen, ein Vermögensvorteil zu Lasten der vielen kleinen Anteilsinhaber.

Nicht einmal ihren so oft beschworenen ökonomischen Sachverstand können die Geldhäuser noch ungeschmälert ins Feld führen. Wissenschaftliche Untersuchungen der Universität Mannheim belegen, was viele Unternehmer schon immer ahnten. Je größer der Einfluß von Banken auf einen Betrieb, desto miserabler das wirtschaftliche Ergebnis. Die Kreditinstitute sind auf Sicherung ihrer geliehenen Gelder bedacht, sie bremsen und blockieren häufig Investitionen, zum Beispiel im Technologiebereich, wo ihre Devise lautet: High-Tech ist gleich High-Risk.

Auf der anderen Seite erstaunt ihre Leichtfertigkeit. Die Krise der Metallgesellschaft hat der Deutsche-Bank-Vorstand Ronaldo Schmitz, Aufsichtsratschef des Konzerns, nicht kommen sehen. Als die Deutsche Bank schließlich eingriff, wurde der Milliardenschaden nach Ansicht namhafter Ökonomen noch größer. Die Milliardenpleite des Baulöwen Jürgen Schneider und des Sportplatzbauers Balsam lädierten das Ansehen der Kreditwirtschaft nachhaltig.

Bei den kleinen Kunden ist der gute Ruf der Geldhäuser längst dahin. Zu offensichtlich werden für immer schlechtere Dienstleistungen immer üppigere Gebühren kassiert.

Harte Zeiten für Auguren

Nicht nur auf dem Parkett oder am Computer ist bei den Banken und für die "Golden Boys" Effektivität gefragt. Schließlich bewegen die "Eierköpfe" in den Analyseabteilungen indirekt sehr hohe Summen. Zwar beschäftigen die Institute eine Truppe hochqualifizierter Mitarbeiter, und sie verfügen über die Ressourcen großer Unternehmen. Aber leider läßt die Qualität ihrer Finanzprognosen zu wünschen übrig.

Unter Anleitung ihrer renommierten Chefvolkswirte frönen die Analysten der Leidenschaft, den Trends von Konjunktur, Währung und Zinsen nachzuspüren. Den Volkswirten in den großen Geldhäusern ist Aufmerksamkeit gewiß. Eine richtige Zinsprognose kann mehrere Hundert Millionen DM Gewinn bedeuten, eine falsche allerdings auch riesige Verluste auslösen.

Hier liegt auch der Unterschied zu den Wirtschaftsforschungsinstituten. Der WestLB-Chefökonom Ulrich Hombrücher sagt: "Bei denen geht es um die Ehre, bei uns geht es ums Geld." Anders als in der Wissenschaft müssen sich die Bankökonomen für ihre Irrtümer verantworten.

Fast die gesamte Zunft erwartete 1994 niedrigere Kapitalmarktzinsen, steigende Aktienkurse und einen anziehenden Dollarkurs. Viele Institute erklärten das Jahr 1994 zum Jahr der Aktie. Doch es kam ganz anders. Die langfristigen Kreditzinsen stiegen um 2 Prozentpunkte, die US-Devise sackte auf 1,50 DM, anstatt wie vorhergesehen auf 1,80 DM zu klettern, und die deutsche Börse verlor 10 Prozent.

Eigenartigerweise haben diese Falschprognosen dem Ruf der Ökonomen bislang noch nicht besonders geschadet. Wirtschaftspolitische Kommentare zum Beispiel von Norbert Walter, dem Chefökonomen der Deutschen Bank, kommen immer noch ziemlich gut an. Inzwischen hat man erkannt, daß ein ausgefeiltes Research für den Verkauf von Kapitalmarktprodukten essentiell wichtig ist. In Deutschland hapert es aber nach wie vor an international wettbewerbsfähigem Material. Eine Umfrage der renommierten Zeitschrift Institutional Investor unter 600 Großanlegern ergab, daß englische und amerikanische Geldhäuser bei der Konjunkturbeobachtung in Kontinentaleuropa vorne liegen. Und das Hamburger Manager-Magazin ließ insgesamt 35000 in- und ausländische Aktienempfehlungen, die 21 deutsche Banken ihren Kunden in den drei Jahren bis 1994 gegeben hatten, von der Universität Halle wissenschaftlich auswerten und nach Rendite und Risiko in eine Rangfolge bringen. Die generellen Ergebnisse seien "deprimierend", so das Magazin.

Die neue Ökonomengeneration aus amerikanischen und britischen Geldhäusern zeigt den vielköpfigen Stäben der Großbanken, wie der Hase läuft.

Bei den jüngsten Währungsturbulenzen im Frühjahr 1995, als der Dollar auf 1,37 DM fiel, wurden die Banken wieder kalt erwischt. Sie hatten fast durchweg eine Dollar-DM-Parität zwischen 1,50 und 1,65 DM prognostiziert. Die Abwertung von Peseta und Escudo hatten die Ökonomen ebensowenig vorhergesehen. Und viel zu spät hatten die Zinsexperten die Tragweite der im Februar 1994 in den USA eingeleiteten geldpolitischen Wende erkannt.

Noch im April 1994 erwartete die Deutsche-Bank-Research, daß bei der Rendite zehnjähriger Anleihen zum Jahresende die 6-Prozent-Marke wieder merklich unterschritten werden könnte. Als der langfristige Zins im Dezember fast die 8-Prozent-Marke erreichte, war der Katzenjammer groß. "So einen Flop", sagte Martin Hüfner, Chefvolkswirt der Bayerischen Vereinsbank in München, stellvertretend für seine Zunft, "dürfen wir uns nicht wieder erlauben."

So sind denn auch die deutschen Banken aus mancherlei Gründen den internationalen Rating-Agenturen wie Standard & Poor's und Moody's, die die Bonität von Industrie- und Bankunternehmen unter die Lupe nehmen, nicht der höchsten Bewertung würdig. Moody's etwa schrieb, daß die Bonität einzelner Institute wegen anhaltender Ertragsschwäche oder möglicher Risikokonzentration gefährdet sei oder daß eine zu starke Konzentration von Risiken den Wert der Aktiven aushöhlen könnte. Die Konsequenz wäre höhere Rückstellungen und eine verringerte Flexibilität bei der Bedienung von Schulden.

Eine Risikokonzentration ist vor allem im Bereich gewerbliche Immobilien festzustellen. Trotz der relativen Stabilität gilt auch der deutsche Grundstücksmarkt inzwischen als anfällig. Daneben existieren bei einzelnen Banken regionale Risiken. Dabei hat Moody's vor allem ein Auge auf die Kreditsituation in den neuen Bundesländern geworfen, wo eine "Schwächung der Qualität" zu erwarten sei. Allerdings gibt sich Moody's andererseits davon überzeugt, daß die großen Universalbanken in der Bundesrepublik auch künftig zu den stabilsten und berechenbarsten Instituten der Welt zählen - dank der Breite ihrer Geschäftsaktivitäten und der soliden finanziellen Basis. Außerdem seien meist umfangreiche stille Reserven vorhanden.

Auch führten Experten die Anleger 1994 blind in den mexikanischen Pesocrash, der 1995 eintraf. Banken und führende Wertpapierhäuser hatten vor dem Pesosturz von 0,30 auf 0,13 Dollar die Unwägbarkeit Mexikos heruntergespielt.

Dies setzt durchaus dicke Fragezeichen hinter die Eignung der hochbezahlten Analysten für die aufstrebenden Märkte, die sogenannten Emerging Markets.

Der Mexikoschock hat noch größere Dimensionen bekommen, weil namhafte Investmenthäuser und Banken vor allem in Wall Street in ihren Empfehlungen bis zuletzt die Verwundbarkeit der mexikanischen Währung heruntergespielt hatten. Der freie Fall des Peso führte zu einer regionalen Finanzkrise, in deren Verlauf die Kapitalisierung der Wertpapierbörsen in Amerika um 150 bis 200 Milliarden Dollar schmolz. Der Absturz des Peso habe eine Finanzkrise mit erheblichen Folgen nicht nur für Mexiko, sondern sogar für die USA und die Weltwirtschaft ausgelöst, meinte der Chefökonom der Chicagoer-Investmentfonds-Gruppe Kemper Financial, David Hale.

Noch im Dezember 1994 sahen die Aktienexperten von Salomon Brothers in ihrer Strategiestudie "blühende mexikanische Börsenhorizonte". Kapitalzuflüsse würden Lateinamerika ins neue Jahr begleiten. "Wir gehen davon aus, daß der Geldstrom nach Lateinamerika, der 1993 rund 43 Milliarden Dollar betrug, 1995 etwa 66 Milliarden Dollar erreichen wird", so die Analysten. Zu gewinnen gab es an den lateinamerikanischen Aktienmärkten schon lange nichts mehr, dabeisein war alles. Das Analystenteam von Bear Stearns lobte die Wende zu den sonst inflationsgebeutelten Wechselkursen der lateinamerikanischen Länder. Und noch Mitte Dezember teilten die Experten von Morgan Stanley an ihre Anleger Beruhigungspillen aus: "Der mexikanische Peso dürfte in den ersten Jahren des Bestehens der neuen Handelszone Nafta allenfalls um 1 bis 2 Prozent real jährlich abgewertet werden." Auf Basis der publizierten

Analysen und Empfehlungen müssen auch bei den Expertenteams von Goldman Sachs, Merill Lynch, der Chase Manhattan Bank und J. P. Morgan alle Sicherungen durchgebrannt sein", schreibt das Handelsblatt.

Nur wenige Expertencrews verschonten ihre Anlagekunden mit derlei teuren Ratschlägen, indem sie zu Mexiko rechtzeitig auf Distanz gingen.

Auch bedienen die Banken ihre Kundschaft nicht gleichrangig. An den Finanzmärkten ist nämlich der Zeitpunkt ausschlaggebend, zu welchem man wichtige Informationen erhält.

Insiderfälle sind bekannte Beispiele dafür, wie ein Informationsvorsprung zum Leidwesen anderer Marktteilnehmer ausgenutzt werden kann. Die angelsächsischen Länder reagieren schon lange auf unfaire Praktiken sensibler und gehen dabei sehr bestimmt vor. Sie haben dafür strenge Gesetze und Behörden, die diesen Machenschaften einen Riegel vorschieben, so zum Beispiel die Securities and Exchange Commission (SEC) in New York. Ziel ist es, einen fairen und ehrlichen Markt zu gewährleisten, was in der Praxis aber zugegebenermaßen ziemlich schwierig ist.

Wenn zum Beispiel ein Unternehmen mit wichtigen Nachrichten aufwartet, die den Aktienkurs eventuell stark beeinflussen können, müßten alle Marktteilnehmer gleichzeitig informiert werden. Um weder Analysten, Händlern oder bestimmten Investoren einen Informationsvorsprung zu geben, wird der Handel deshalb kurz vor der Veröffentlichung vorübergehend eingestellt.

Dieses Verfahren wird zwar auch in Deutschland praktiziert. Mitunter erscheinen die Ergebnisse aber wenig effizient. Es kommt immer wieder vor, daß Insider wie beispielsweise das Topmanagement einer Firma, Freunde davon, Broker oder Banken vorab informiert sind. Andeutungen oder ein Wink mit dem Zaunpfahl genügen in der Regel, um das Wesentliche der Gewinn-Nachricht weiterzugeben. Die Empfänger werden so ebenfalls zu Insidern, doch den Beweis dafür erbringen die Aufsichtsorgane selten. So ist die strafrechtliche Verfolgung vielfach zum Scheitern verurteilt.

Auch die Art und Weise der Verbreitung von Bank- und Brokerstudien ist ein heikler Punkt. Neue Prognosen können zu erheblichen Preisschwankungen führen. Wenn ein renommierter Analyst plötzlich sein "Rating" für einen Titel ändert, ist eine große Kursveränderung mit manchmal über 25 Prozent von einem Tag auf den anderen so gut wie sicher, vor allem bei den sensiblen High-Tech-Papieren in den USA. Bei Aktien genügen Korrekturen wie die Umstufung von Kauf auf Halten, um einen langfristigen Kurstrend radikal zu kippen. Es ist daher von entscheidender Bedeutung, wann ein Anleger über den Inhalt einer Studie informiert wird.

Schließlich entscheiden die Beziehungen - sprich das Gutachten auf dem Konto - darüber, wer bevorzugt wird. Eine bessere Behandlung der reichen Kundschaft ist gang und gäbe. Für interessante Studien der Banken und Broker muß die Klientel oft teuer bezahlen.

In "normalen" Fällen beträgt die Informationslücke manchmal nur wenige Stunden. Doch an den Finanzmärkten, wo jeder noch so kleine Zeitvorsprung über Sein oder Nichtsein entscheiden kann, sind das Welten. Überall an den Aktienmärkten gibt es Investoren, die "gleicher" sind als andere. Dagegen können weniger bemittelte Privatanleger kaum etwas ausrichten.

Mit Insidergeschäften ein Vermögen machen

Die Bereicherung auf dem Buckel der Kundschaft war an den Börsen seit jeher gang und gäbe. Der Vorteil, direkt am heißen Draht zu sein, wird von der Zunft weidlich ausgenutzt. Denn zwar soll in Deutschland die neuformierte Aufsicht des Börsenwesens bei Betrügereien und Manipulationen Abhilfe schaffen. Damit soll der Ruf des Finanzplatzes Deutschland aufpoliert werden. Doch vor allem die erfahrenen Marktteilnehmer am Frankfurter Parkett glauben, daß es noch lange dauern wird, bis die verrotteten Sitten tatsächlich ausgemerzt sind. Der Devisenmakler Ulrich Höstel beklagt, daß sich in den vergangenen Jahren auf dem Parkett "Raffgier, Durchstechereien und Marktbeeinflussungen" breitgemacht hätten. Insidergeschäfte gelten dementsprechend häufig als Kavaliersdelikte.

Beim sogenannten Dividendenstripping machen Banken und Makler gemeinsame Sache. Kursmanipulationen erregen niemanden. Flogen die Machenschaften auf, erwies sich die Justiz ebenfalls als machtlos. Mit dem Begriff "Dividendenstripping" werden Geschäfte bezeichnet, die allein der Nutzung der unterschiedlichen steuerlichen Behandlung von

In- und Ausländern bei Dividendenzahlungen zum Beispiel bei Bayer- oder Siemens-Aktien dienen. Bei der letzten Steueraffäre überprüften die Behörden in Frankfurt fünf Kursmakler, 14 Freimakler und 27 Banken. Schon 1978 hatte das Bundesfinanzministerium ausdrücklich darauf hingewiesen, daß derartige Geschäfte ein Mißbrauch seien. Den jährlichen Steuerausfall hat das Finanzministerium zuletzt auf 450 Millionen DM geschätzt.

Die meisten Geschäfte dieser Art finden außerbörslich statt. Sie werden von den Handelspartnern also nicht an der Börse aufgerufen, sondern individuell vereinbart.

Wertpapierhändler, Freimakler oder Kursmakler - fast alle haben Dreck am Stecken. Denn mit Manipulationen kann man in kurzer Zeit ein Vermögen machen, vor allen Dingen in Zeiten großer Kursausschläge oder während Hausse-Bewegungen, wie in den 80ern und zu Anfang der 90er Jahre.

An der Börse gibt es viele Grauzonen, so zum Beispiel auch das Trittbrettfahren bei Großordern. Wenn etwa ein Großanleger 50000 Schering-Aktien ordert, so wird sich ein Börsenhändler oder Makler in Kenntnis der Sachlage unter Umständen zuerst 1000 Stück selbst "vornehmen" und diese 1000 Stück sodann zum Schluß an seinen Auftraggeber weiterverkaufen, wenn die Order den Schering-Kurs schon um 50 DM hochgetrieben hat. Das bedeutet einen Gewinn von 50000 DM für den Insider.

Diese spezielle Form der Interesse wahrenden Order gehört auch zur Grauzone. Hierbei werden größere Aufträge zu einem Tagesdurchschnittskurs abgerechnet. Häufig wird dabei ein Makler eingeschaltet, um seine Erfahrungen und Markteinschätzungen zu nutzen. Hierbei kann es auch zu einem "Gestaltungsmißbrauch" des Maklers kommen.

Im Fadenkreuz der Ermittler stand auch hier die Deutsche Bank. Mit den Geschäften ihres Optionsscheinhändlers Manfred Mertens begann die Affäre. Anfang der 90er Jahre brachte ein anonymer Brief den Börsenskandal ins Rollen. Die Liste der Strafbehörden zählte 370 Fälle auf, in denen gegen Börsianer wegen Steuerhinterziehung oder Untreue ermittelt wurde. 30 Millionen DM sind inzwischen aus diesen Verfahren im Steuersäckel gelandet. Die wenigen Verurteilten kamen aber vergleichsweise milde davon.

Tatsächlich funktioniert der Alltag bei Banken manchmal ganz anders, als sich das die Allgemeinheit vorstellt. Gemeint sind damit die bankangestellten Händler und die freien Makler, die an der Börse leicht und schnell Geld verdienen, einst mit der ausdrücklichen Einwilligung der Banken. Geldhäuser stellten früher ihren Angestellten Sonderkredite für Eigengeschäfte zur Verfügung. Das wurde häufig weidlich ausgenutzt - oft am Fiskus vorbei.

Weil die Materie kompliziert ist, beschränken sich die Fahnder und Staatsanwälte meist auf Steuerdelikte. Betrug zu Lasten der Kunden oder Banken ist besonders schwer nachzuweisen.

Ein Mitarbeiter der Bayerischen Vereinsbank in Stuttgart entdeckte durch Zufall, daß ein Frankfurter Kollege im Optionsscheinhandel der Bank regelmäßig außerbörsliche Geschäfte zum Nachteil der Kunden abschloß. Erging ein Kaufauftrag, deckte sich der Händler zunächst zu einem günstigen Kurs ein und gab dann die Papiere zu einem höheren Preis an den Kunden weiter. Die Spanne konnte er als Gewinn im Eigenhandel verbuchen. Indessen ist diese Praxis bei vielen Banken im Prinzip seit jeher gang und gäbe. Allein im dritten Quartal 1991 kosteten diese Geschäfte die Stuttgarter Kunden der Vereinsbank rund 40000 DM, so der bankinterne Revisionsbericht.

Eigentlich müßten die Banken für eine klare Trennung von Eigenhandel und Kundengeschäft sorgen. Damit die Mitarbeiter nicht privat in ihre Tasche wirtschaften, müssen beispielsweise die Angestellten der Commerzbank sämtliche Depots über Wertpapiere, Devisen, Edelmetalle und Derivate, die sie bei ihrem Arbeitgeber führen, offenlegen. Dazu zählen auch Konten, die sie im Auftrag von Verwandten oder Freunden, ein beliebtes Versteck, verwalten. Aber die Vorschriften sind leicht zu durchlöchern.

Transaktionen können auch über fremde Namen oder über ein ausländisches Konto getarnt werden. Die totale Kontrolle wird es wohl niemals geben.

Auch im vielgespriesenen deutschen Aktien-Computerhandel Ibis sind Manipulationen ohne Konsequenzen möglich. Das elektronische System listet sämtliche Kauf- und Verkaufsaufträge mit Preisen und Stückzahlen auf. Das reicht, um auszurechnen, mit welchem Einsatz Kurse verändert werden können. Ein drastischer Fall geschah im Dezember 1994: Innerhalb einer Minute fiel der Kurs der Deutsche-Bank-Aktien von 708 auf 690 DM, um vier Minuten später wieder bei 707 DM zu landen.

Besonders groß sind die Schwankungen an den Tagen, an denen Terminkontrakte verfallen. Bei der Erfüllung der Geschäfte geht es im elektronischen System hoch her. Schließlich läßt sich genau kalkulieren, mit welchen schwergewichtigen Aktientiteln - etwa Allianz Versicherung, Daimler sowie Bayer und Siemens - die Manipulation des Deutschen Aktien Indexes am billigsten kommt.

In allen Bereichen haben die Revisionsabteilungen der Banken genug zu tun. Auch in London gab es für die deutschen Institute Milliardenflops. Experten schätzen die Summe fauler Kredite an Pleiteunternehmen wie Robert Maxwell, Polytec, O & Y, Canary Wharf sowie 20 weitere Sanierungsfälle auf fast 7 Milliarden DM.

Am stärksten betroffen war die Commerzbank; das Volumen ihrer Forderungen, von denen eine Reihe nur noch zum Bruchteil ihres Nennwertes am Londoner Markt für notleidende Kredite gehandelt werden, bezifferten Fachkreise Anfang 1994 auf etwa 1,7 Milliarden DM. Allein für die ins Schlingern geratene Container-Leasing-Gruppe Tiphook plc. stellten deutsche Geldhäuser etwa die Hälfte der Bankkredite bereit. Verbindlichkeiten: mehr als 2,5 Milliarden DM.

Deutsche Banken zählen auch bei der Hotelgruppe Queens, Moat Houses zu den namhaften Gläubigern. Diese hat im Herbst 1993 mit über 2,5 Milliarden DM den zweitgrößten Verlust in der britischen Unternehmensgeschichte bekanntgegeben. Wegen dubioser Buchhaltung ermitteln hier inzwischen die Staatsanwälte.

Auch die Londoner Börse ist von Skandalen und Skandälchen nicht frei. Anfang 1995 war eine Überprüfung der Transparenzregeln für den Aktienbestand von sogenannten Market-Makern notwendig. Ins Zwielicht geriet hierbei die Swiss Bank Corporation, eine Tochter des Schweizerischen Bankvereins. SBC war Berater von Trafalgar House bei der feindlichen Übernahmeofferte für die Northern Electric im Wert von 1,2 Milliarden Pfund. Angesichts der Übernahme vereinbarten Trafalgar House und die Bank zuvor derivative Geschäfte in Form von Aktienoptionen, die Trafalgar House einen Gewinn von etwa 8 Millionen Pfund zukommen lassen sollten, egal, ob das Übernahmeangebot erfolgreich abgeschlossen würde oder nicht. Gegenpart in dem derivativen Geschäft war der Schweizerische Bankverein, der bei Fälligkeit der Kontrakte 8 Millionen Pfund zu zahlen hatte.

Die Konstruktion des Geschäfts: Steigen die Aktien von Northern Electric, wird die sich am Markt ergebende Kursdifferenz gezahlt, sinkt der Kurs, muß die Bank selbst zahlen. Versteht sich, daß sich der Schweizerische Bankverein mit Aktien selbst eindeckte, was zu einem Kursanstieg führte. Überdies wurde bekannt, daß der SBV bei Northern Electric eine Beteiligung von 3,46 Prozent hielt. Diese hatte die Bank nicht veröffentlicht. Zwar ist es üblich, als Marktmacher größere Aktienpakete aufzubauen, um liquide Märkte zu schaffen. Dieses Geschäft erschien den Beobachtern jedoch als besonders anrüchig.

Verluste in ganz Europa: Wenn die Milliardenzocker danebengreifen

Auch in Frankreich ist bei Banken nicht alles Gold, was glänzt. Die Großbank Crédit Lyonnais mußte im März dieses Jahres eine riesige Kapitalzufuhr vom Staat in Anspruch nehmen. Der Verlust betrug über 15 Milliarden DM. Damit sicherte Frankreich der Staatsbank das Überleben und frischte das ramponierte Ansehen des französischen Bankensystems auf. Crédit Lyonnais war mit mehr oder minder zweifelhaften Anlagen und Krediten im Wert von 130 Milliarden Franc - rund 38 Milliarden DM - ins Minus geraten, dabei hatte sie das Eigenkapital verloren.

An der Börse in Paris wurde der Handel mit Aktien der CL ausgesetzt, auch die Notierungen des französischen Electronikkonzerns Thomson CSf, der mit 22 Prozent am Kapital der Bank beteiligt ist, wurde unterbrochen. Das Geldinstitut, das sich mit einer Bilanzsumme von rund 2000 Milliarden Franc - etwa 600 Milliarden DM - als größtes Europas bezeichnet vor der Deutschen Bank, hätte längst Konkurs anmelden müssen. Crédit Lyonnais war tief in risikoreiche Milliardengeschäfte mit Immobilien verwickelt.

Verkalkuliert hat sich das Institut auch mit seinem Engagement beim britischen Medienmogul Robert Maxwell, der angeblich auf hoher See in selbstmörderischer Absicht von seiner Yacht ins Meer sprang, sowie bei der bankrottgegangenen französischen Textilgruppe VEV und beim erloschenen Fernsehsender La Cinq. Der staatliche Großaktionär hat dem Treiben tatenlos zugeschaut und somit die Aufsichtspflicht sträflich vernachlässigt.

Für Italiens Banken war 1994 ein schwarzes Jahr. Fast alle Institute mußten die Dividende kürzen oder streichen. Besonders gelitten haben die Geldhäuser mit Sitz südlich von Rom. Dort nehmen die Kreditausfälle bedrohliche Formen an. Sie gehen vor allem auf die Aufdeckung der politischen Skandale und der Mafia-Machenschaften zurück, auf die 1994 in Süditalien schlechte Konjunkturlage und auf allgemeine Strukturverschlechterungen. Auch der hohe Bedarf an Abschreibungen auf Währungsrisiken und Staatspapiere sowie die von hohen Zinsen zusätzlich gebremste niedrigere Kreditnachfrage schwächten die Ergebnisse.

Enttäuscht sind zunächst die vielen Hunderttausend neuer Kleinaktionäre, welche bei der Privatisierung der beiden Mailänder Großbanken Credito Italiano und Banca Commerciale Italiana (COMIT) vor mehr als einem Jahr Aktien in der Erwartung gekauft hatten, daß der zuvor ausgewiesene Gewinn und die Dividende zumindest gleich bleiben würden. Bei der Banco di Napoli in Neapel hat eine Sonderprüfung der Notenbank 1000 Milliarden Lire Verlust aufgedeckt.

Schon früher hatte die Notenbank als zuständige Aufsichtsbehörde die Banco di Sicilia in Palermo vor dem Zusammenbruch bewahrt. 1994 stellte sich aber heraus, daß es mit den horrenden Verlusten der Bank nicht getan war und nochmals 658 Milliarden Lire Miese anfielen. Es wurden strafrechtliche Ermittlungen gegen drei frühere Präsidenten und sieben Vorstände der Bank eröffnet.

Alle nennenswerten Kreditinstitute südlich von Rom stünden ohne starke Stützung des Staates oder der Geschwisterinstitute in Norditalien vor der Gefahr des Zusammenbruchs, so ermittelte eine Kommission.

Auch die Schweizer Bankiers haben 1994 schwächer abgeschnitten. Es stellte sich ein Gewinnrückgang von 31 Prozent gegenüber dem goldenen Geschäftsjahr 1993 heraus. Die Zeiten schneller und großer Profite im Handelsgeschäft waren vorüber.

Auch 1995 wird eher ein mattes Großbankenjahr werden. Das Marktumfeld im Geschäft mit Derivaten unterliegt einem wachsenden Konkurrenzdruck. Die komfortablen Margen schwinden. Nach Ansicht der Eidgenossen werden verschiedene Anwendergruppen nach den Debakeln mit der Metallgesellschaft, bei Orange County und bei Barings dem intensiven Einsatz solcher Instrumente reservierter gegenüberstehen.

Die wiederholten Beteuerungen, daß die Risiken solcher Engagements jederzeit abschätzbar und genau definierbar seien, erscheinen nun weniger glaubhaft.

In allen bisher bekannt gewordenen Problemfällen gelang es auch Experten nicht, sich innerhalb eines kurzen Zeitraumes Aufschluß über die Struktur und das maximale Risiko zu verschaffen. Selbst die jeweils individuell eingeleiteten Strategien zur Liquidation der Positionen und die daraus entstandenen Verluste sind in der Fachwelt heiß umstritten.

Und daß im Ernstfall der Wiederbeschaffungswert der Derivate-Positionen von Schweizer Banken nur 10 bis 15 Prozent des Kontraktvolumens beträgt, stimmt die Kritiker neuerdings besonders nachdenklich.

Die Milliardenzocker verlassen Japan

Die Hintergründe

Lange Zeit galt der Ferne Osten mit Tokio als zukünftiges Mekka der Milliardenzocker. Das hat sich in den letzten Jahren jedoch als Fehlkalkulation erwiesen. Zwar hat Ende März 1995 die ehrgeizige fernöstliche Industrienation Japan mit der Fusion der drittgrößten Geschäftsbank Mitsubishi und der Bank of Tokio, der größten Devisenhandelsbank Nippons, nochmals für Aufsehen gesorgt und das weltgrößte Finanzinstitut mit umgerechnet 1,9 Billionen DM Bilanzsumme geschaffen. Die Tokio-Mitsubishi-Bank wird spätestens mit Beginn des neuen Finanzjahres im April 1996 umgerechnet über 700 Milliarden DM Einlagen verfügen und 660 Milliarden DM Kredite vergeben.

Die mächtige Mitsubishi-Bank gehört zum bekannten Mitsubishi-Konzern, und sie finanziert ihn gleichzeitig mit. Das kapitalschwere Institut war bei der verlustreichen Spekulationswelle am japanischen Immobilienmarkt Ende der 80er relativ wenig beteiligt und hat kaum Federn gelassen. Das Haus Mitsubishi ist wahrscheinlich der bedeutendste Landbesitzer Tokios. Dem Konzern gehört, mit Ausnahme des Kaiserpalastes und einiger Bahnimmobilien, beinahe das ganze innerstädtische Finanzviertel Marunouchi. Die

Bank of Tokio ist Nippons führendes Devisenhandelshaus, ohne die der Aufschwung Japans zur Weltexportnation undenkbar gewesen wäre.

Aber trotz dieses Superlativs sind die Japaner vorsichtiger geworden, sie treten nicht mehr so aggressiv auf wie in den 80er Jahren. Den Japanern weht der Wind ins Gesicht. Viele Ausländer verlassen die japanische Börse. Ende Januar 1995 wurden in Tokio nur noch 96 fremde Titel gegenüber 127 zum Jahresende 1991 registriert. Und auch 1995 werden sich die Reihen weiter lichten.

US-Broker kehren dem Börsenplatz Tokio den Rücken. Offenbar herrscht die Meinung vor, daß dort nicht mehr genug zu verdienen sei. Der Finanzplatz Tokio verliert an Statur. Er steht vor der Erosion seines internationalen Gesichts, warnt das japanische Finanzministerium. Der Zusammenbruch der Aktien-Superhausse - Ende der 80er Jahre notierte der Nikkei-Index bei annähernd 40000 Punkten - und das Versiegen nennenswerter japanischer Nettokapitalexporte dezimieren die Chancen.

Für den Finanzplatz Japan geht es heute nicht mehr um die 1989 kühn gestellte Frage, wann er die Finanzzentren New York und London auf die Plätze zwei und drei verweisen würde. 1995 muß sich die Börse Tokio bereits sorgen, daß Hongkong und Singapur ihr international den Rang ablaufen und vielleicht eines nicht allzu fernen Tages das chinesische Handelszentrum Shanghai, der Magnet Asiens der 20er und 30er Jahre, die japanische Metropole überholen könnte. Das bedeutet angesichts der Dynamik dieser Region sehr viel, auch wenn der internationale Glanz, wie in London, fehlt.

Die Börse in Tokio sollte der Markt für die kapitalhungrigen asiatischen Unternehmen werden und ist insofern natürlich nach wie vor ein ernst zu nehmendes Handelszentrum für Währungen und Aktien. Selbst auf diesem Weg müssen sich die Japaner aber beeilen. Denn viele der neuen aufstrebenden chinesischen Unternehmen ziehen nach wie vor Hongkong als Börsenplatz vor und inzwischen auch New York. Die Befürchtung, daß Tokio zu einem gigantischen lokalen Markt verkümmert, zu einem größeren Frankfurt oder Mailand werden könnte, ist etwas übertrieben, aber die Tendenz dahin stimmt doch bedenklich.

Vorübergehend wurde der Abstieg Tokios durch den starken Auslandsnettozustrom an den japanischen Aktienmarkt und den superfesten Yen verschleiert. Im Jahr 1995 überwiegen aber wieder die Kapitalabflüsse. Hongkongs Off-Shore-Markt stellt Tokio sogar in absoluten Zahlen bereits in den Schatten. Überdies wirft die Yen-Hausse ein Schlaglicht auf die Folgen des Bedeutungsverfalls von Tokio. Die Yen-Parität zum Dollar wird in New York und London diktiert.

Für den Handel mit Derivaten mußten sich japanische Banken lange Zeit ins Ausland begeben. Japans Bond-Markt spielt bei Industrieanleihen international keine herausragende Rolle. Während viele europäische und amerikanische Unternehmen die Börse Tokio verlassen, ließen sich 22 chinesische Firmen in Hongkong und New York notieren, keine dagegen in Japan.

Spitzentalente des Finanzgeschäfts, japanische und ausländische, ziehen weiter, zum Beispiel nach Singapur. Merrill Lynch, Lehman, Goldman Sachs, Smith Barney - alle haben 1994 ihre Mitarbeiterzahl in Tokio teils drastisch abgebaut.

Tokios Aktien in der Krise

Bei japanischen Aktien rührt sich wenig. Die Tagesumsätze sind mit etwa 200 Millionen Aktien auf die Hälfte dessen gefallen, was die Broker als auskömmlich definieren. Bis zum Sommer 1994 kauften die fremden Investoren in der Gewißheit steigender Kurse japanische Aktien. Seit 1995 bleiben sie dem Markt fern.

"London ist flexibel und frei, New York besitzt Statur, Singapur Phantasie und Potential, aber Tokio - abzüglich der Volumina der 80er Jahre - ist schlicht langweilig, unkultiviert und unprofessionell", läßt sich ein Banker in Business Week zitieren.

Während sich Wall Street im Glanz neuer Rekorde sonnte, sind über dem Kabuto Cho in Tokio düstere Wolken aufgezogen. Unter teils bedenklich großen Kursausschlägen schrumpft die zweitgrößte Weltbörse seit Jahresbeginn.

Zwar wird sie nicht ganz aus dem Visier des internationalen Anlagekapitals fallen. Aber fast allen ehemaligen Tokio-Aspiranten fällt es schwer, sich mit der noch 1994 avisierten Neuauflage der Haussejahre 1987 bis 1989 anzufreunden.

Allein die erste japanische Aktiensektion mit den bekannten Standardtiteln ist seit Ende 1989 um phantastische 320 Billionen Yen schlanker geworden. 1995 muß die Regierung den Wiederaufbau von Kobe finanzieren. Insofern ist Tokio weiterhin möglicher Herd eines weltweiten Finanzbebens. Wenn Tokio seine vielen Milliarden Dollar Überschußreserven umtauschen sollte, bräche an den Devisenmärkten das Chaos aus.

Zudem haben japanische Investoren und Unternehmen die Attraktivität anderer Märkte entdeckt. Seit Anfang der 90er Jahre ist der Börsenplatz London ein Handelszentrum für japanische Wertpapiere. Im Kalenderjahr 1990 machten die britischen Umsätze in japanischen Aktien erst 5 Prozent vom Tokioter Umsatz aus - 1992 waren es bereits 12 Prozent. In der ersten Hälfte des Jahres 1994 waren es schon 15 Prozent. Über London wurden bereits 1993 nahezu zwei Drittel des Handels in Aktien des japanischen Elektrokonzern Matsushita abgewickelt.

Für den beginnenden Exodus aus Japans Finanzzentrum sind neben der Erdbebenkatastrophe viele Gründe verantwortlich. Unter anderem ist die japanische Börse nach wie vor stark reguliert. Andere Märkte zeigen sich deutlich flexibler. Und das zukunftsträchtige Geschäft mit Derivaten in Tokio gilt sogar als primitiv. Die Euro-Märkte für die auf Yen lautenden Anleihen sind anderswo seit Jahren attraktiver. Deshalb hat sich das japanische Finanzministerium im Oktober 1994 entschlossen, erstmals Finanz-Futures und Optionsscheine für Zins- und Devisenkontrakte zuzulassen, auch um damit dem zunehmenden Bedeutungsverlust zu begegnen. Bisher waren in Tokio nur Swaps in begrenztem Umfang möglich.

Nur den Devisenhandel gibt es in Tokio bald rund um die Uhr. Marktteilnehmer gaben die freiwillige Selbstbeschränkung auf, die bisher den Handel von 9.00 Uhr bis 15.30 Uhr Ortszeit vorsah. Auch diese Deregulierung zielt darauf ab, eine Verlagerung von Transaktionen in Auslandsmärkte zu verhindern und Tokio als Zentrum des weltweiten Milliardenspiels zu erhalten.

Bitter sieht es für Japans führende Investmentbanken aus. Sie wurden Opfer ihrer allzu optimistischen Einschätzung des heimischen Wertpapiermarktes. Im Geschäftsjahr 1993/94 schien das Schlimmste überwunden. Doch bereits im Spätsommer wurde die Ertragsprojektion zweimal gesenkt.

Aber selbst diese bescheidenen Erwartungen wurden noch unterschritten. Von den 25 in Tokio börsennotierten Brokerfirmen konnten neben den drei Marktführern Nomura, Taiwa und Nikko Securities nur vier weitere Broker einen Vorsteuergewinn erzielen. Für die zehn mittelgroßen Häuser, deren Selbständigkeit mit Beginn des Börsenkrachs in Japan zunehmend gefährdet ist, stellt sich erneut die Überlebensfrage. Für alle Brokerhäuser ist der Aktienmarkt die fast wichtigste Ertragssäule. Doch dort herrschte seit 1989/90 weitgehend Flaute.

Auch 1995 sind die Hoffnungen bescheiden, denn die Handelstätigkeit und das Umsatzvolumen an der Börse Tokio verringerten sich infolge des schweren Erdbebens von Kobe im Januar drastisch, und vor allen Dingen bleiben die Ausländer dem größten Börsenplatz in Fernost fern. Das mag auch daran liegen, daß die Prognosequalität für den japanischen Aktienmarkt in den letzten Jahren sehr zu wünschen übrigließ. Schon vor Ende 1994 waren von den Japanexperten als Kursziel für den Nikkei-Index bis zu 23000 Punkte angegeben worden. Er kam aber nur wenige Male knapp über 20500 Punkte hinaus. Anfang April 1995 notierte das japanische Börsenbarometer nurmehr bei knapp 16000 Punkten. Viele japanische Unternehmen verkaufen Aktienpakete, um sich finanziell besser über Wasser zu halten. Auch dies ist eine latente Gefahr für die Börse Tokio.

Vor allen Dingen die in Japan beliebten Überkreuzbeteiligungen werden zum Luxus. So ist zum Beispiel der Autohersteller Nissan unter anderem am weltgrößten Elektronikkonzern Matsushita Electric Industrial beteiligt. Nippon Steel verkaufte Bankaktien. Laut Schätzungen wurden die Kreuzbeteiligungen um umgerechnet 30 bis 40 Milliarden DM verringert. Daß Ausländer die japanischen Anteile übernehmen, erscheint unwahrscheinlich, denn erstens bleiben die Japaner am liebsten unter sich und zweitens stehen die Investoren aus Großbritannien, USA und Europa den Japanern zur Zeit recht skeptisch gegenüber.

Die in den Unternehmen miteinander verknüpften Aktienpakete ermöglichen eine Form des Insiderhandels, die in London oder New York verboten ist, in Japan aber Teil eines gemeinsamen Einverständnisses zwischen japanischen Gesellschaften sind. Die Regierung interveniert entschlossener, um den Markt zu zügeln und zu kontrollieren.

Die japanische Börse war lange Jahre Ausdruck der Dynamik der japanischen Wirtschaft und ihrer "Golden Boys". An der Börse in Tokio zeigen überall Männer mit Fingern, klatschen in die Hände, um einen

Deal abzumachen, und rennen dann aufeinander zu. Die Japaner arbeiten noch lieber auf dem Börsenparkett als vor Computern in abgelegenen Büros.

Der Finanzplatz Tokio hat durch viele Vorkommnisse erheblich an Kredit verloren. Das wenigste sind dabei noch die andauernden Krisen im einzigartigen japanischen Politsystem. Die Einführung der ersten Tranche des privatisierten Tabakmonopols Japans Tobacco an den Börsen Tokio, Osaka und Nagoya im Oktober 1994 endete als schwerer Flop.

Die Aktie, die zu einem Kurs von 1,43 Millionen Yen - 22100 DM - ausgegeben worden war, eröffnete mit einer Kurstaxe von 1,24 Millionen Yen, ohne daß es zu Abschlüssen kam - ein ungewöhnlicher Vorgang. In den ersten Börsenstunden wurden Verkaufsorders von rund 80000 Aktien gemeldet, denen nur Kaufaufträge für 5600 Titel gegenüberstanden. Obwohl das Finanzministerium von den 429339 für private zum Kauf bestimmte Aktien 272390 nicht gekaufte Titel zurücknahm, fiel der JT-Kurs von Börseneröffnung an.

Das geplante Ausgabevolumen hatte ursprünglich bei 660 000 Aktien gelegen. Am ersten Börsentag entstand ein Verlust von 30,7 Prozent. Das war der schwerste Kursrutsch einer Neuemission. Dennoch sind die Japaner sorgfältig darum bemüht, an ihrem Börsenplatz Tokio nichts anbrennen zu lassen.

Die Finanzaufsicht, wie stets auf der Hut vor einer negativen Kettenreaktion, sieht sich vor allem die Kursentwicklung der Aktien der vier großen Brokerhäuser an, die 2,5 Prozent der Kapitalisierung Tokios repräsentieren. Wenn das Quartett keine Dividende zahlen kann, geht es mit der Börse weiter bergab.

Bilanzlöcher: Faule Kredite

Längst ins Gerede gekommen sind die japanischen Großbanken. In einer Studie der UBS-Securities, einer Tochter der Schweizerischen Bankgesellschaft (SBG), heißt es kurz und bündig: Der Einbruch auf dem Immobilienmarkt habe so große Löcher in die Bilanzen gerissen, daß die Krise in Nippon 1994/95 akuter sei als das Sparkassendebakel vor drei Jahren in den USA. In Japans Tresoren stapeln sich die faulen Kredite, die Immobilienpreise verfallen, auch als Folge der Erdbeben.

Manche japanische Banken stehen jetzt ohne Sicherheiten da. UBS und andere Auslandsinstitute in Tokio beziffern das Volumen der notleidenden Kredite bei den 21 japanischen Großinstituten auf 460 Milliarden DM. Das sind fast 8 Prozent der gesamten Ausleihungen. Die faulen Kredite der US-Spar- und Darlehenskassenkrise hatten auf ihrem Höhepunkt nur 5,2 Prozent der gesamten Ausleihungen amerikanischer Geldhäuser betragen. Die Nippon Mortgage, eine 1982 gegründete und noch im Geschäftsjahr 1990/91 blühende Finanzgesellschaft mußte Konkurs anmelden und hat Schulden in Höhe von 518,4 Milliarden Yen, das sind 8 Milliarden DM, hinterlassen. Die Sumitomo Trust, die Hausbank von Nippon Mortgage, weigerte sich, frische Mittel nachzuschießen. Das war die größte Firmenpleite in der japanischen Nachkriegsgeschichte.

Solche Zusammenbrüche waren in Japan früher unvorstellbar. Zwar wird von offizieller Seite oft beteuert, die Banken seien über den Berg und deren

Probleme beherrschbar, doch mit dem weiteren Verfall der Aktienkurse und Immobilienpreise brennt die Lunte weiter.

Bei der Notenbank und dem Finanzministerium in Tokio herrschte lange die Überzeugung, daß eine spektakuläre Bankenpleite Panik auslösen und nicht nur Japans Finanzsystem zum Einsturz bringen könnte. Deshalb wurden bisher auch todkranke Institute, bei denen die notleidenden Schulden größer waren als das Eigenkapital und die stillen Reserven, künstlich am Leben gehalten. Dieser Politik liegt die vage Hoffnung zugrunde, daß sich eines Tages auch die Preise der an Sicherheiten eingebrachten Immobilien, deren Wert in den vergangenen Jahren erheblich geschrumpft ist, wieder erholen könnten. Deshalb durften die Banken ihr Minus über eine viel längere Zeitspanne abstottern, als dies im Westen der Fall gewesen wäre.

Wie Japan die Bankenkrise zunächst meistern möchte, zeigt eine andere Rettungsaktion. Mitsubishi, eine der elf landesweit operierenden und im klassischen Kreditgeschäft tätigen Citybanken, rettete die Nippon Trust, die kleinste von sieben auf Vermögensverwaltungen spezialisierten Banken.

Die Trust-Manager hatten sich in den goldenen 80er Jahren mit Darlehen an Immobilienhändler verspekuliert. Nach dem Preisverfall auf dem Immobilienmarkt blieben sie auf unsicheren Krediten von 500 Milliarden Yen, das sind umgerechnet etwa 7,7 Milliarden DM, über 10 Prozent der Gesamtausleihung, sitzen.

In Expertenkreisen heißt es, daß das Geschäftsfeld für die führenden Kreditinstitute des Landes ausgesprochen schwierig sei. Der Weg zur Gesundung sei noch lang. Trotz konjunktureller Lichtblicke in der japanischen Wirtschaft wächst das Kreditgeschäft insgesamt nicht mehr sonderlich.

Auf der Suche nach Verbesserungen der Kreditstruktur nehmen die japanischen Institute höhere Überseerisiken in Kauf und verderben sich und den Wettbewerbern aus Europa und den USA dabei die Margen. Die Asienkredite japanischer Großbanken expandieren dagegen mit Wachstumsraten von 12 Prozent jährlich - besonders in China fehlt Geld.

Das japanische Bankensystem ist schwer belastet. Die notleidenden Realkredite steigen weiter. Die Sanierung der Hypothekenbanken ist in Gefahr. Konkurse werden nicht ausgeschlossen. Zwei Ereignisse zu Beginn 1995 - der Aufbau eines Instituts zur Abwicklung illiquider Sparkassen und die beschleunigte Abschreibung von Problemkrediten - markieren eine neue Phase der Konsolidierung. Bisher hat sich Nippon stets geweigert, eine Bank scheitern zu lassen. Japan hat auch bei der Behandlung seiner Kreditinstitute ein eigenes Schema. Bis zum April 1995 gab es in Japan seit dem Zweiten Weltkrieg keine Bankenpleite - ein deutliches Signal dafür, wie Japan zu seinen "Milliardenzockern" steht.

Nachwort

Der Sturz des Nick Leeson ist ein exemplarischer Fall wie man sich mit Optionen und Futures verspekulieren kann.

Daß aber von institutionellen und privaten Anlegern immer häufiger solche Finanzinstrumente verwendet werden, verwundert nicht. Schließlich sind die Gewinnmöglichkeiten trotz des hohen Risikos sehr verlockend.

Ein einfaches Beispiel: Als die IBM-Aktien 1994 binnen Monatsfrist von 50 auf 60 Dollar stiegen, verfünffachte sich der Preis für einschlägige Kaufoptionen (Calls). Aus einem Einsatz von 10000 Dollar bei den Kaufoptionen ließen sich 50000 Dollar herausholen. Mit 200 IBM-Aktien, die ebenfalls 10000 Dollar gekostet hatten, konnte man indessen nur 4000 Dollar Profit erwirtschaften. Solche Spekulationen ließen sich im Laufe des IBM-Höhenflugs mehrmals erfolgreich wiederholen, denn die IBM-Aktie stieg schließlich bis auf 96 Dollar.

Diese Art von Engagement klappt besonders gut in Hausse-Zeiten. In Baisse-Märkten kann man umgekehrt operieren, zum Beispiel mit einem einfachen Kauf von Verkaufsoptionen (Put).

Es ist also leicht nachzuvollziehen, warum angesichts solcher Möglichkeiten das Geschäft mit den Derivaten boomt.

Inzwischen gibt es eine kaum überschaubare Fülle von Möglichkeiten und Spezialkonstruktionen für Derivate. Sie füllen ganze Buchbände, und es wäre in diesem Rahmen des Guten zu viel, alle Möglichkeiten aufzuzeigen. Deshalb sollte es in diesem Buch genügen, das Prinzip aufzuzeigen.

Auch im Optionsgeschäft existieren inzwischen Hunderte von Möglichkeiten. Die unglaubliche Vermehrung resultiert aus der Kombination einzelner Teile. Inzwischen gibt es auch Futures, die als Basis eine Option haben usw.

Am wichtigsten ist im Optionsgeschäft die richtige Strategie. Im Prinzip stellen sich immer drei Fragen:

1. Wieviel kann der Anleger unter günstigsten Bedingungen verdienen? Wie hoch ist der maximale Gewinn?
2. Was kann schlimmstenfalls passieren, wie hoch ist das größtmögliche Risiko?
3. Ab wann lohnt sich für den Investor dieses Optionsgeschäft? Bei welchem Kurs liegt also die Gewinnschwelle, der sogenannte Break-even?

Gedealt und gespielt wird überall. Deshalb wollte ich in diesem Buch auch einen ausführlicheren Blick hinter die Kulissen der gesamten Szene - nicht nur der Derivate - werfen.

Beleuchtet werden sollte die Plattform, auf der sich die Milliardenzocker bewegen, nämlich die Zockerstätten London, New York, Singapur (wo Nick Leeson handelte) und Chicago - und nicht zu vergessen ihre eigentliche Basis, auf der sie agieren. Es sind die Universalbanken in Europa, Japan, den USA, der Schweiz und England und insbesondere die Investment- und Merchantbanken, die das große Rad drehen.

Daß hierbei manches nicht mit rechten Dingen zugeht, hat Nick Leeson eindrucksvoll bewiesen. Aber es gibt auch andere Sünder. In der Welt des Geldes gerät man nur allzu leicht in die Versuchung, auch mal etwas am Rande oder bereits außerhalb der Legalität zu dealen.

Denn der Wettbewerb der Institute untereinander wird zunehmend härter. Und deshalb stehen sowohl die Aktien- und Devisenhändler auf dem Parkett und am Computer, als auch die Konstrukteure der Derivate in den Investmentbanken unter großem Erfolgsdruck.

Das gilt fast in gleichem Maße für die Propagandaspezialisten bei Banken und Brokern. Die Güte eine Analyse entscheidet oft darüber, wohin die Milliarden fließen. Der Einfluß der "Eierköpfe" auf die Kapitalströme ist deshalb nicht zu unterschätzen. Jede neue Zinsprognose, die sie ausgeben, setzt Milliarden Dollar überall auf dem Globus in Bewegung.

Natürlich folgen Jungbanker, Broker und "Golden Boys" den internationalen Geldströmen. So bevorzugen sie im Fernen Osten zunehmend Singapur. Dagegen verliert Tokio als Finanzzentrum an Statur. Die Milliardenzocker wandern ab. Bis Mitte/Ende der 80er Jahre fühlten sich die Japaner dank ihrer riesigen Liquidität als die allergrößten Finanzjongleure. Riesige Kredite auf den überspekulierten Immobilienmarkt nährten die Aktienhausse, bis die Spekulationsblase 1989 platzte. Seither verlor der Nikkei-Aktienindex fast 60 Prozent seines Wertes.

Die Japaner treten inzwischen bescheidener auf. Bei Kunstauktionen sieht man sie kaum mehr. Noch vor wenigen Jahren hatten sie die Preise für Kunstwerke wie von van Gogh in abenteuerliche Höhen getrieben. Der bisher teuerste Einkauf hatte einen Gegenwert von 86 Milliarden Mark, das zehnfache des Schätzwertes.

In Tokio ist man wie gesagt nicht mehr so flüssig wie ehedem. Seit eher Milliardenverluste die Regel sind und nicht mehr satte Profite wie früher, wenden sich die Finanzjongleure von der japanischen Metropole ab. Mitte der 80er Jahre hatte Tokio kurzfristig New York vom Börsenplatz Nummer eins verdrängt - was den Kurswert der jeweils notierten Aktien anging. Inzwischen hat New York die führende Position längst wieder zurückerobert.

Die größten Spielplätze für das internationale Kapital sind im Fernen Osten neben Singapur nun auch Hongkong. In Europa ziehen die Banken ihr Geschäft in London zusammen - sei es in Aktien, Bonds oder Währungen wie Dollar, Mark, Yen und Pfund.

Optionen und Futures bewegen mehr und mehr das strategische Denken an den Finanzmärkten. Die derivativen Produkte spielen im Gesamtkapitalmarkt eine immer größere Rolle. Die Zeiten haben sich gewandelt, und somit entstand mit den neuen Produkten auch ein neuer Typus des Börsianers. Es scheint so, als ob die risikofreudigen "Golden Boys" die skeptischere Generation langsam verdrängen. Die "Alten" verstehen deren Computerspiele nicht, und sie geben sich auch gar keine Mühe dazu. Die "Jungen" beherrschen das Spiel. Sie geben die Gewinnmargen vor, und solange ihre riskanten Spiele mit den Weltfinanzen gutgehen, sind sie die gefeierten Helden. Egal, auf was sie sich kaprizieren, solange sich der Erfolg einstellt, handeln sie in relativ großen Freiräumen.

Trotz aller Gefahren für das internationale Finanzsystem ist Spekulation aber nicht grundsätzlich etwas Verwerfliches, und schon gar nicht ist es angebracht, bei Spekulation gleich an ein Hazard-Spiel mit völlig ungewissem Ausgang zu denken - etwa nach dem Muster von Glücksrittertum in Kasinos. Dort werden auf eine geringe Gewinnchance mitunter große Beträge im wahrsten Sinne des Wortes "aufs Spiel gesetzt".

Die Wirtschaftstheoretiker behaupten gerne, daß Spekulation ein wichtiger Bestandteil der Volkswirtschaft sei, wie überhaupt das Leben einen unvermeidlichen Risiko-Bestandteil habe. In diesem Sinne sollten uns die Spekulationen eines Nick Leeson vor Augen führen, was theoretisch möglich ist - im Gewinnen wie auch im Verlieren.